JESUS PEOPLE REPORT

R. Brockhaus Verlag Wuppertal

Rolf Kühne Verlag Wetzhausen

Oncken Verlag Wuppertal

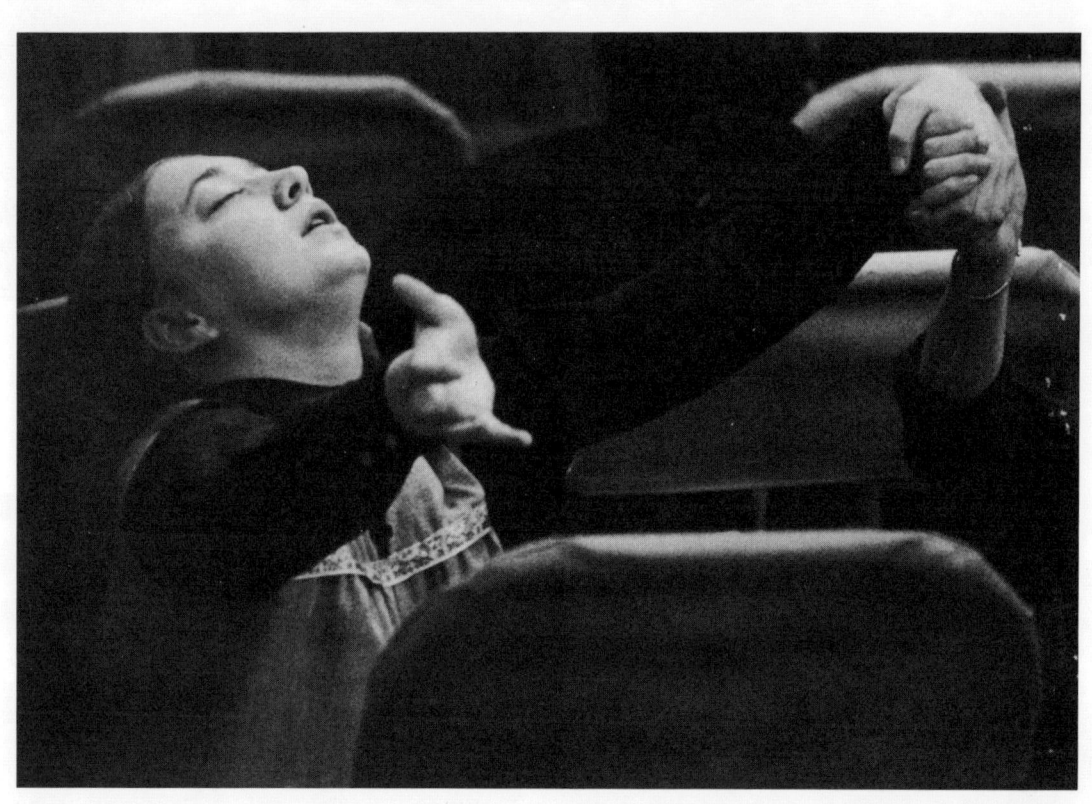

DER JESUS-PEOPLE-REPORT ist ein Bild-Text-Band, der auf authentischem Material aus den USA beruht.

Die Texte verhüllen nichts, sondern stellen die Jesus-Bewegung in ihrer eigenen Spiritualität und in ihren typischen emotionalen Formulierungen dar. Die Übersetzung versucht daher, möglichst direkt zu sein, auch da, wo sie schon beinahe »außerhalb der Legalität« der deutschen Sprache steht.

Das amerikanische Material entstammt der Juni/Juli-Nummer der baptistischen Zeitschrift »Home Missions«. Von daher sind die Ausdrücke zu verstehen, die aus dem pietistischen Sprachgebrauch kommen, wie etwa »Bekehrung« und »Erweckung«. Diese Begriffe und die dahinter stehende Spiritualität sind durchaus für die gesamte Jesus-Bewegung typisch, gleichgültig, in welchem konfessionellen Rahmen sie lebt.

Man muß bei den Berichten die amerikanischen Verhältnisse berücksichtigen. Alle kirchlichen Gruppen sind vom Staat getrennt. Sie finanzieren sich selbst und haben einen stark familiären Charakter. Öffentlichkeitswirkung ist selbstverständlich. Das kirchliche Leben ist häufig mit Finanzierungsformen verbunden, die aus dem Geschäftsleben stammen. Schulen, Colleges und Universitäten sind privat, häufig kirchlich.

Die Berichte des Jesus-People-Report sind nur ein Ausschnitt aus der vielfältigen Bewegung. Aber sie sind in ihrer Zusammenstellung so repräsentativ, daß sie in dieser ersten Phase der Bewegung durchaus für das Ganze stehen können. Die Jesus-Bewegung ist nicht konfessionell, sie entwickelt sich in den einzelnen Kirchen in einer frappierenden Ähnlichkeit. Wer die Jesus-Bewegung verstehen will, muß ihre Spiritualität verstehen.

Auch die Taufe Erwachsener ist in der Bewegung weithin nicht konfessionell gemeint. Die Taufe ist selten ein kirchenrechtlicher Vorgang, sondern erinnert eher an die Taufe des Johannes – eine Taufe als Zeichen der Umkehr.

Die Berichte sind szenenartig zusammengesetzt. Sie überlassen die Beurteilung weitgehend dem Leser. In den letzten Teilen des Buches werden dann allerdings Materialien zusammengetragen, die dem Leser eine Beurteilung erleichtern helfen.

Weil sie wie alle dynamischen Bewegungen einseitig ist, muß sie in bestehende Gemeinden integriert werden, damit sie nicht sektiererisch wird. Das bedeutet allerdings, daß sich die Gemeinden entscheidend ändern müssen. Denn sonst können sie die Jesus-Bewegung nicht so aufnehmen, daß deren Dynamik und Unbefangenheit erhalten bleibt.

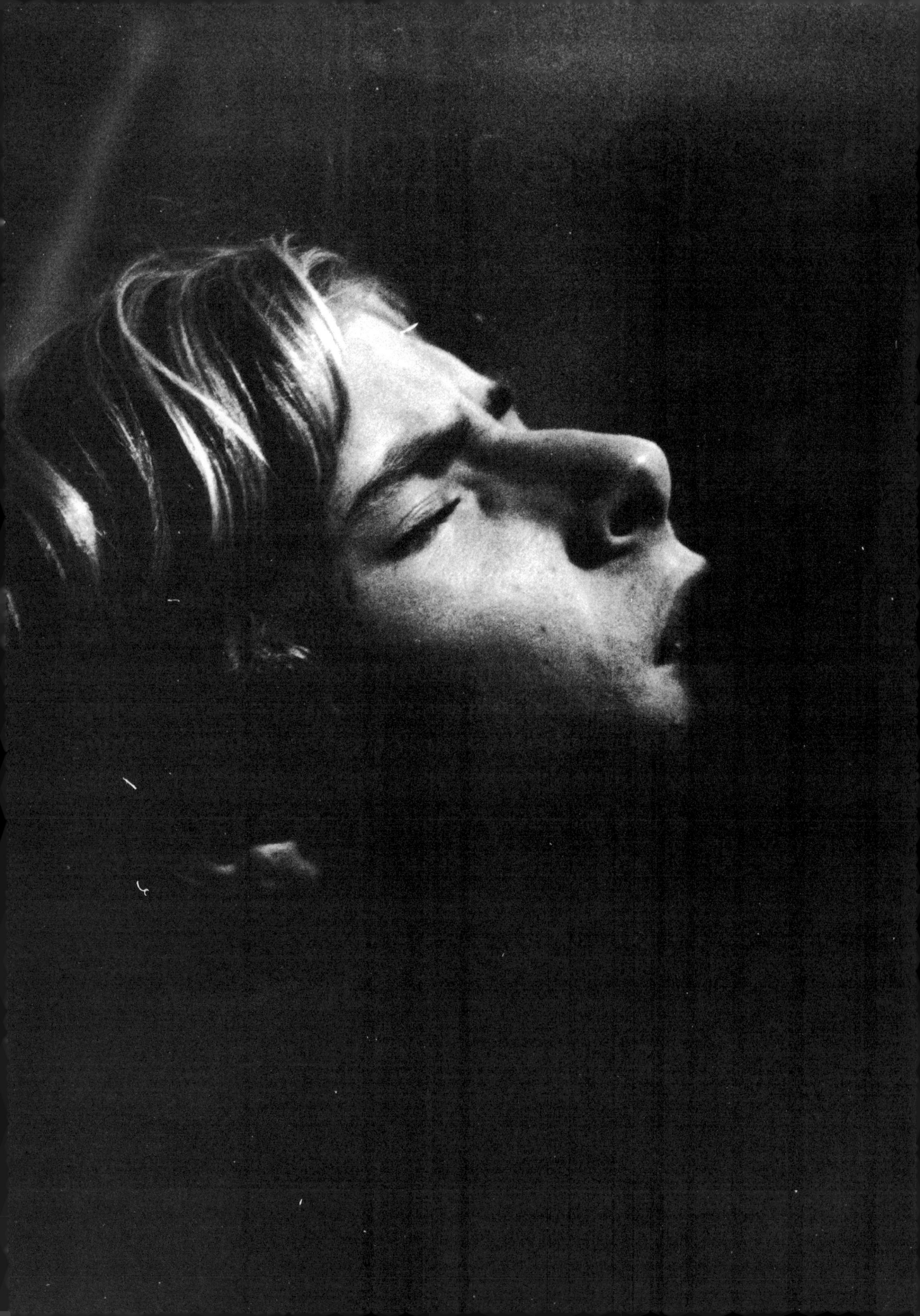

Er saß auf der Kante der Bühne, barfüßig, in Jeans und modischem Hemd, mit langen Haaren. Sein Gesicht war zum Himmel gerichtet, über seine Wangen rollten Tränen. Er lachte, er weinte. Er war von Gefühlen gepackt und konnte sie weder erklären noch kontrollieren. Es trieb ihn um wie ein Wirbelwind, es explodierte in ihm. Das Mädchen an seiner Seite verstand ihn. Ihr Arm lag leicht auf seiner Schulter, und sie tröstete ihn. »Ich freu' mich so für dich«, sagte sie, »ich habe seit zwei Monaten für dich gebetet.« Er wandte sich ihr zu, überwältigt von intensiven Gefühlen und voller Freude. Er schüttelte den Kopf. Lachend kamen die Worte aus seinem Mund:

»Es ist so toll . . . so toll . . . preist den Herrn!«

»Fühle sie! Fühle die Stärke, die Intensität, die Macht! Strecke deine Hände aus und ergreife sie. Drücke sie und beobachte, wie sie durch deine Finger gleitet, um sich neu zu formen, stärker, größer, intensiver. Nimm sie in dir auf mit großen, tiefen Atemzügen — reiner Sauerstoff, der in das Gehirn einströmt, der deinen Geist packt mit der ganzen Wucht eines Hurrikans; und der nach dem Sturm Frieden zurückläßt ... oder Erschöpfung!

Das ist ein religiöses Phänomen, das plötzlich mit einer geheimnisvollen, charismatischen Einfachheit einbricht. Es erschreckt dich, denn du kannst es nicht verstehen oder mit deinem Verstand erklären. Du kannst vielleicht ein oder zwei Zeichen erkennen. Aber sieh dir diese jungen Leute an, die überall die gleiche Art haben, etwa in Longbeach, wo ihre Zeigefinger mit dem Zeichen ›one way‹ nach oben zeigen. Schau dir die Tränen an, die den jungen Leuten in Oklahoma übers Gesicht rollen, oder die heißen klatschenden Hände der Teenager in North-Carolina ... Wenn du die jungen Leute vom Pazifik bis zum Atlantik siehst, die von derselben emotionalen Welle überspült werden — Mann, dann mußt du sie zur Kenntnis nehmen!«

Sie sind reingewaschen, diese jungen Leute.
Jesus hat ihre Sünden weggewaschen. Sie
strahlen. Ihre Gesichter sind von Freude
erfüllt, hingerissen von ihrem wunderbaren Erlebnis. Klatschnaß, die Kleider an ihren Körper geklebt, Salzwasser in den strahlenden Gesichtern — so tauchen sie wieder
auf. Ihre Freunde stützen sie. Es ist ein hinreißender Augenblick, erregend, vibrierend,
dramatisch stärkend .... Die Bewegung ist
nicht organisiert, sie entwickelt sich frei,
ohne feste Strukturen, dynamisch. Sie wird
von niemandem geleitet. Wenn man unreflektiert fragt: »Wer hat angefangen?«,
erhält man völlig ernsthaft die Antwort:
»Der Heilige Geist.« — »Gut — und wer leitet diese Bewegung?« »Jesus Christus.«

Es ist die Jesus-Bewegung; sie rollt wie eine Dampfwalze über die Vereinigten Staaten, schlacksige junge Leute auf ihrer Spur. Sie klingt und schwingt im Sound der Rockmusik, des Gospel-Rock — mit den frischen, ehrlichen Stimmen der Jugend. Sie ist eine typische Bewegung von Gruppen Gleichaltriger. Dazu ist sie sehr real.

Puls: fieberhaft.

Tiefgang: noch ungewiß.

Ergebnis: unbekannt.

»Schau sie dir an! Sie ist groß, sie wächst. Vergiß, daß sie vielleicht nur von kurzer Dauer ist. Vergiß das Morgen! Heute ist sie lebendig und vibriert!«

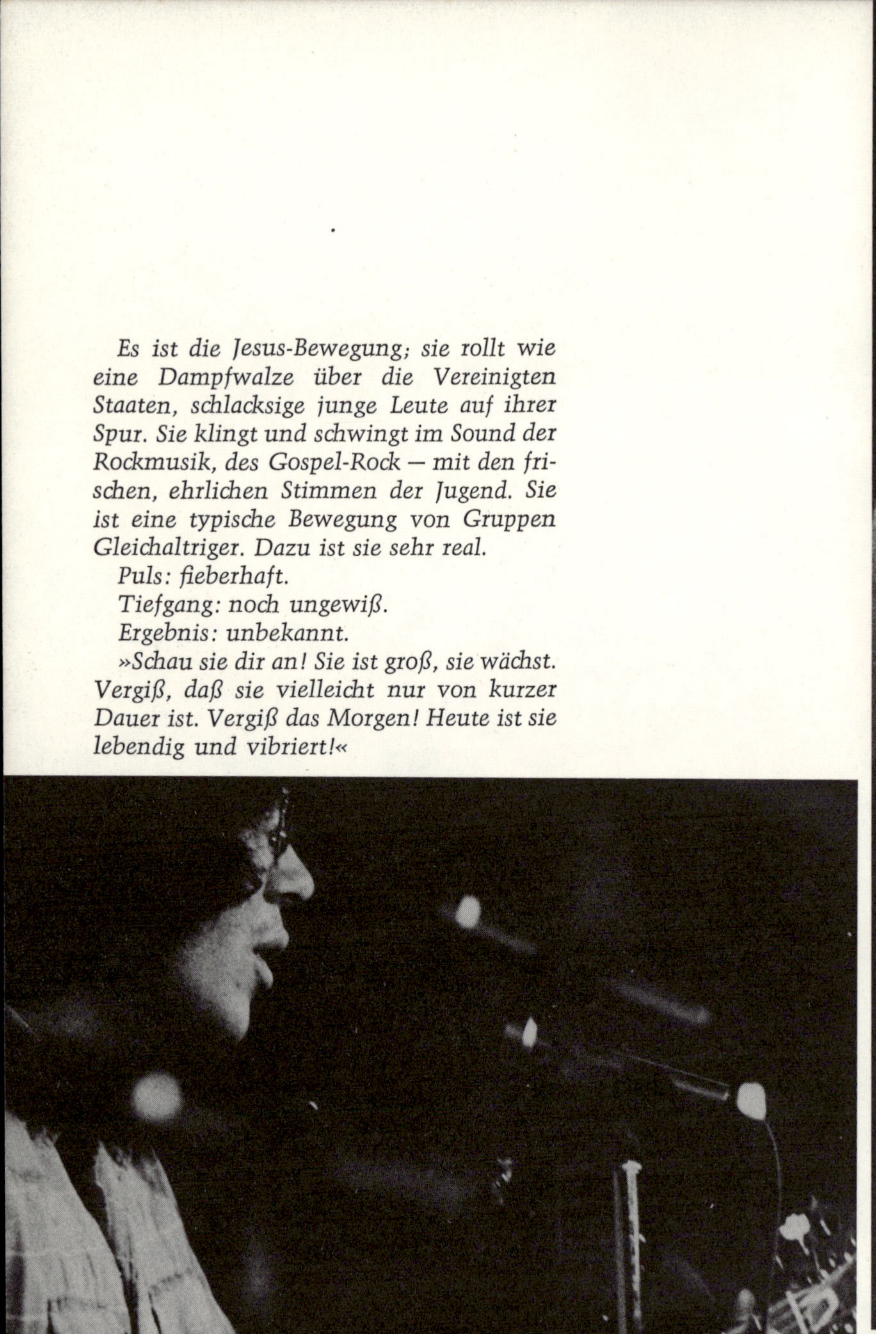

Hingerissen vom sanften, lyrischen Sound
ihres Halleluja bewegen sich die jungen
Leute in der Calvary Chapel im Rhythmus
der Musik.

Die Jesus Explosion

Sie reitet auf dem Wellenkamm der Gitarrenklänge, vorwärtsgetrieben vom ekstatischen Lärm der Jugend — wer weiß wohin?

Betty Price und Everett Hullum, jr.

»Halleluja, Halleluja, Halleluja . . .« Die Arme um die Schultern der Nachbarn gelegt, bewegen sie sich im Rhythmus des melodischen Chorus, vor und zurück. Ihre Stimmen wogen durch den Raum, dringen hinaus in das Foyer, ergießen sich durch die Türen in die kalte Nachtluft, wo Dutzende stehen, die den Rhythmus aufnehmen und das »Halleluja«.

Wie Ebbe und Flut kommt der sanfte, freundliche Ton aus ihren Kehlen: Halleluja, Halleluja . . .«

Immer und immer wieder durchdringt dieses Wort alles, überspringt die Grenzen der Isolierung des einzelnen — verbindet wie mit der schmelzenden Kraft eines Schweißbrenners.

Auf dem niedrigen, mit Teppich belegten Podium steht ein 42jähriger Mann, in Strickhemd, Sweater und schlaffen Hosen. Mit seiner rauhen Stimme leitet er die Versammlung: »Halleluja . . .«

Daneben flüstert ein Mädchen: »O Mann, Jesus ist wirklich Klasse!«

»Halleluja!« Das ist mehr als ein Gesang, das ist die Menge selbst; jung, begeistert, feierlich ihre neue Schönheit, ihre neue Entdeckung zelebrierend: Jesus.

Die jungen Leute haben ihn gefunden, plötzlich, unerwartet, atemberaubend. Jesus ist für sie da. Er ist es, der allein wirklich zählt, heute und jetzt. Sie sind ehrfürchtig gepackt von seiner Majestät.

»O Mann, Jesus liebt dich. Das kann. man einfach nicht begreifen.« Hinter ihnen liegen ihre Ideologien, ihr Suchen, ihre Drogen. Aus ihnen strömt es wie ihr natürlicher Atem. »Halleluja, Halleluja«, seufzen sie, überwältigt von der Einfachheit ihres Gesanges.

»O Mann, preise den Herrn!«

Barfüßig, in Sandalen, in Tennis-und Stoffschuhen, langes Haar, kurzes Haar, Mädchen, deren Haare wie Kaskaden auf ihre Schultern fallen, Jungen mit Bartansätzen — da stehen sie in Jeans, die bedruckt sind: »Jesus liebt dich!« und in Hemden, auf denen steht: »Jesus ist wirkliche Liebe!« Sie begegnen einem in knöchellangen, bunten Kleidern oder in verschwitzten Hemden, in grellen, modernen Farben oder in ausgewaschenen alten Sachen.

Aber ihre Gesichter strahlen und ihre Augen leuchten. Ihre Wangen sind gerötet von der Leidenschaft ihres neuen Glaubens. Sie sprudeln über. Man spürt die Intensität ihrer Entdeckung. Diese bärtigen Jugendlichen, die manchmal noch ungläubig die Köpfe schütteln und sagen: »Mann, ich habe die Polizei gehaßt und nun kann ich jeden lieben. Preist den Herrn!«

Der Mann auf dem Podium zieht sich einen großen vierbeinigen Schemel heran und setzt sich. Er richtet sein Mikrofon aus, Scheinwerfer strahlen ihn an, als er in die Menge schaut. »Okay, wir wollen unsere Bibeln aufschlagen, das dritte Kapitel der Apostelgeschichte«, sagt er mit seiner tiefen, freundlichen Stimme.

In der ganzen Versammlung hört man das Blättern der Seiten, während die jungen Leute — sie sind fast alle zwischen 15 und 21 Jahren — die Apostelgeschichte suchen.

Der Mann auf dem Podium ist Chuck Smith, Pastor der Calvary Chapel in Costa Mesa, einem kleinen Vorort ungefähr 70 km südlich von Los Angeles.

Diese Gemeinde führt dreimal in der Woche Jugendveranstaltungen durch. Oft strömen mehr als 2 000 junge Leute zusammen. Sie tragen Hippiekleidung und haben Bibeln unter ihrem Arm. Sie begrüßen sich mit strahlendem Lächeln und liebevollen Umarmungen, die empfindsam sind, aber nicht sexuell.

Sie drängen sich in den Bänken und füllen die Gänge. Selbst die Vorhalle ist dicht besetzt, die jungen Leute sitzen auf dem Fußboden. Aber der Raum reicht noch immer nicht. Draußen vor den Glaswänden sitzen viele in der frischen Nachtluft und hören und schauen, was drinnen geschieht.

So geht das drei bis vier Stunden lang. Sie singen, beten und studieren in der Bibel. Ruhige Anbetungslieder machen den Anfang. Die Menge bewegt sich mit der Musik. Man hält sich an den Händen, hakt unter und hebt die Hände hoch, als wenn sie zum Himmel reichen sollten.

Manchmal spielt auch eine Band. Langhaarige Hippies singen ihre Lieder aus einem klaren, unverfälschten Glauben heraus, unterstützt von den gellenden Tönen der Elektrogitarren, beim Dröhnen des Schlagzeugs und eines klirrenden Klaviers.

Wenn die Band ihr Lied beendet hat, steht Smith oder einer seiner jugendlichen Assistenten auf, mit ihm die jungen Leute, und das Halleluja-Singen beginnt. Bald ist die Stimme des Vorsängers völlig zugedeckt vom Halleluja der Besucher.

Danach setzt sich der Prediger wieder und in einer stillen, einfachen Art beginnt das Bibelstudium. In dieser Stille liegt eine ungeheure Kraft. »Es ist so friedvoll dort, Mann. Du kannst hingehen und singen, oder zuhören, oder auch nur für dich allein sein. Aber du weißt, Jesus liebt dich. Die Liebe ist so stark!«

»Ich bin schon auf vielen Jugendveranstaltungen gewesen«, sagt ein älterer Beobachter, nachdem er das erste Mal in Calvary war. »Aber ich habe nirgends vorher diese Ernsthaftigkeit, diese Hingabe, diese Atmosphäre erlebt. Das ist einfach umwerfend!«

»Schau dir die Menge an, in der du sitzt. Sieh sie dir skeptisch an, wenn du willst. Aber schau sie dir an, nahe genug. Sieh das Feuer in den strahlenden Gesichtern der vielen jungen Leute, die sich in diese kleine Kirche hineinquetschen, um die Bibel zu studieren. Konzentriere deine Augen und stelle fest, was du siehst: die Frische, die Lebendigkeit, die Offenheit, die Hingabe, die sich in diesen strahlenden Gesichtern widerspiegelt.

Wann hast du so etwas zum letzten Mal gesehen?«

Das, was man hier beobachten kann, ist die Jesus-Bewegung. Man nennt sie so, weil man noch keinen besseren Namen gefunden hat. Sie stürmt über die Vereinigten Staaten wie ein vom Wind getriebenes Buschfeuer, jedes Hindernis überspringend, mit neuen Brandherden, die spontan ausbrechen — an vielen Plätzen, in ebenso vielen verschiedenen Formen: Ein »Jesus-Festival mit christlicher Rockmusik zieht in Evansville/ Indiana Tausende von jungen Leuten an. Sie strömen in die Evangelisationsversammlung in Texas, in Oklahoma, in Kentucky, in Florida. Oberschüler demonstrieren für Jesus auf einer Straße irgendwo in Georgia. Andere stehen Wache vor einem Pornoladen in Alabama. Ähnliches spielt sich in North-Carolina, in Illinois und in Tennessee ab.

Wie von Zauberhand ist sie aufgetaucht, diese vorwärtsdrängende Bewegung hin auf Jesus von Nazareth, dort, wo noch kurz vorher eine formlose, heftig schwankende Masse war, eine von allen Seiten dirigierte Subkultur, ein brodelnder Kessel von Zweifel und Enttäuschung, Entmutigung und Unentschlossenheit.

Viele junge Leute waren entfremdet, einsam auf der Flucht, auf der Suche nach irgendeinem Mekka, erschüttert und enttäuscht von den Drogen, die sie mit psychedelischen Träumen verwirrten, besessen von einem wahnsinnigen Drang, jede nur mögliche Erregung zu erjagen, vom Sex bis zum Satanischen. Das war ihre Lage — eine abgrundtiefe Leere. Jetzt ist die Suche vorbei. Jesus ist die Antwort.

Die Jesus-Bewegung reicht vom Pazifik bis zum Atlantik. Aber nirgendwo hat sie eine solch strahlende Intensität erreicht wie in Südkalifornien. Überall an den sonnigen Strän-

»Es ist so friedvoll dort, Mann. Du kannst hingehen und singen, oder zuhören, oder auch nur für dich allein sein. Aber du weißt, Jesus liebt dich. Die Liebe ist so stark!«

den und in den glitzernden Einkaufszentren kann man es bei den jungen Leuten zwischen zwölf und fünfundzwanzig beobachten. Sie verteilen Traktate, halten Erwachsene oder andere Jugendliche höflich an und sagen freundlich: »Jesus liebt Sie! Können wir uns darüber unterhalten?« Man kann es an den Aufklebern der Autos feststellen, oder in den Schultaschen, in denen man häufig Bibeln findet. Man sieht das Vertrauen und den Mut der jungen Leute, die von Jesus begeistert sind.

Angezogen vom milden Klima, den herrlichen Stränden und dem liberalen Lebensstil machten die jungen Leute Südkalifornien zum Tummelplatz der Jugend der Vereinigten Staaten. Sie trampten durch das ganze Land, um vor sich selbst zu fliehen. Dabei spielten sie mit Drogen, mit Sex, mit Buddhismus und Astrologie, mit Hare Krishna. Jetzt sind sie restlos fertig. Enttäuschung breitet sich unter der Jugend aus.

Irgendwann aber fällt in diese nebelhafte, verschwommene Kultur ein freundliches, aber bestimmtes »Jesus liebt dich!«, oder ein Aufkleber sagt: »Versuch es doch mit Jesus!«

Die jungen Leute — gewöhnt an Mißerfolge — denken: »Warum nicht?« Da liest einer ein wenig in der Bibel oder hört zu, wenn ein Freund mit ihm spricht, und plötzlich ist alles verwandelt, herrlicher, als er sich es je vorstellen konnte.

»Jesus hat das wirklich hingekriegt bei mir«, sagt er; sie sagt es, ein anderer sagt es — bis es zu einem großen, mächtigen Chor wird. »Er hat sogar meinen Kopf wieder klarbekommen nach den Drogen. Ich hatte schon gedacht, das könnte überhaupt nicht mehr passieren. Klasse! Lobet den Herrn!«

Die jungen Leute — es sind inzwischen viele Tausende — folgen Jesus nicht als einer Art Versicherungspolice für die Zeit nach dem Tode. Was

sie gefunden haben, ist ein ekstatischer Trip, der für diesen Augenblick gilt.

Alles ist für sie ganz neu. Sie sind wie lauter Neill Armstrongs, die den letzten Schritt von der Leiter der Mondfähre »Eagle« tun. Sie haben ein neues Leben entdeckt.

Das können sie nicht für sich behalten. Schweigen wäre der untaugliche Versuch, einen Vulkan in einer Flasche zu verkorken. Sie müssen es einfach anderen erzählen.

»He, Mann, Jesus ist für deine Sünden gestorben.«

»Du solltest auch durch Jesus begeistert werden. Er ist der Mächtigste und Größte in der Welt.«

Überall, wo sie hinkommen, sprudeln sie über von der neuen Botschaft, von dem, was Jesus in ihrem Leben getan hat. Sie bringen Freunde in die Kirchen mit, in die Bibelstunden, zu den Kommunen, zu den Rockkonzerten. Das ist mehr als eine Freundlichkeit; es ist der Versuch, Freunden, die man sehr lieb hat, den gleichen Frieden anzubieten, den man selbst gefunden hat. Sie wollen ihre Errungenschaft mitteilen.

Diese Freudenrufe sind nicht nur Aufkleber. Die Bewegung erschöpft sich nicht darin, Bibeln zwischen Schulbüchern herumzutragen und Traktate zu verteilen. Diese Äußerungen des Gemüts sind Auswirkungen der Liebe Jesu.

Vielleicht ist es der steil ansteigende Erfolg und die große Zahl der Bekehrungen, die die Kühnheit ihres Zeugnisses hervorrufen. Das wird am deutlichsten, wenn sie vom Wunder ihres Glaubens berichten. Das erzählen sie immer und immer wieder. In vielen Gemeinden kommen die jungen Leute von sich aus und voller Eifer nach vorn, um während des Gottesdienstes von ihrem Glauben zu berichten, so etwa in Redondobeach, einem Vorort von Los Angeles oder

weiter südlich, im reichen Long Beach.

Die Erfahrungen dieser beiden Gemeinden unterscheiden sich teilweise voneinander, denn sie kommen aus sehr verschiedenen Gesellschaftsgruppen. Aber in Jesus sind sie Brüder und Schwestern geworden. Das wird in ihrer Sprache, in ihrer Ernsthaftigkeit und in der Hingabe in ihren Zeugnissen deutlich. Sie haben eine Ähnlichkeit in ihrem kraftvollen Zeugnis erreicht, die sie selbst überraschen würde.

Das Bethel Tabernacle in Redondobeach ist pfingstlerisch ausgerichtet, die Truett Memorial Baptist Church in Long Beach ist typisch baptistisch. Diese beiden Gemeinden spiegeln damit zwei Pole der Jesus-Bewegung wider. Aber beide Gemeinden platzen durch die jungen Leute, die danach brennen, ihre Erfahrungen mit dem Heiligen Geist mitzuteilen, aus allen Nähten.

Die Gemeinde in Redondobeach liegt in einem Wohngebiet für Leute mit niedrigem Einkommen. Die Kirche besitzt keine imponierende Fassade. Sie sieht eher wie ein Wohnhaus aus. 300 bis 350 Leute haben in ihr Platz. Sie ist nur spärlich ausgestattet.

Es ist kurz vor 19.30 Uhr. Der Gottesdienst soll in wenigen Minuten beginnen. Junge Leute in blue jeans, barfüßig oder in Sandalen, mit kurzen Hemden oder in langen Kleidern, glattrasierte kurzhaarige Männer und langhaarige Hippietypen beiderlei Geschlechts — sie alle strömen zum Eingang, zu zweit, zu dritt. Drei Mädchen gehen gerade hinein, als ein alter Cadillac am Zaun vorfährt. Ein junger Mann mit einer Bierflasche in der Hand schimpft. Er ruft irgend etwas wie »Süchtige« und »Gesellschaft von Nichtstuern«. Eines der Mädchen dreht sich ruhig um. Ihre Antwort ist still, beinahe ernst und völlig ohne Groll. »Jesus liebt dich!« sagt sie.

**Ein alter Cadillac.
Ein junger Mann schimpft.
Er ruft irgend etwas wie »Süchtige«.
Eins der Mädchen dreht sich ruhig um.
»Jesus liebt dich!« sagt sie ernst und völlig ohne Groll.**

Ein schrecklicher Lärm dringt aus dem Raum hinter dem großen Saal, wo gerade eine vierstündige Gebetsversammlung zu Ende geht. Junge Leute knien auf dem Boden zwischen den Reihen von Metallklappstühlen. Ihre Stimmen, vermischt mit den Tönen ihres Sing-sang-chorus, verursachen einen Lärm, der an die Nerven geht. Ihre Gesichter drücken äußerste Anspannung und höchste Ekstase aus. Es ist Freude, es ist Furcht — alles vermischt sich miteinander. Die jungen Menschen geben sich dem Gebet hin.

Ein Mädchen kommt auf mich zu. Als sie ganz nahe ist, fragt sie mich mit sanfter Stimme: »Kennst du den Herrn?« Als ich nicke, lächelt sie, erlöst und erleichtert. Sie beginnt, über ihre Erfahrungen mit Jesus zu berichten. Sie ist entzückt, bis sie feststellt, daß ich nicht die Taufe mit dem Heiligen Geist empfangen habe und tatsächlich nicht in Zungen spreche. Tiefe Besorgnis spiegelt sich nun in ihrem Gesicht wider.

Jetzt hat mich dieses Mädchen — attraktiv, siebzehn Jahre alt, dunkelhaarig, mit randloser Brille, einem auffallend grünen Sweater und Jeans — in der Falle. Irgendwie kann ich mich nach einiger Zeit frei machen für den Gottesdienst.

Der Gottesdienst macht den Eindruck eines Familientreffens. Viele schütteln sich die Hände, umarmen Freunde und auch Unbekannte. Sie lachen und sprechen in derselben Art und Weise, wie sie nachher ganz ernsthaft über einen Bibeltext sprechen.

Ihre Begrüßungsworte betonen den Zusammenhang mit Jesus: »Jesus liebt dich!« »Jesus ist die Antwort!« »Lobt den Herrn!« »Gott segne dich!« »Ehre sei dem Herrn!«

Der Gottesdienst läuft ohne festes Programm ab. Breck Stevens, Jugendpastor und 19 Jahre alt, leitet mit rauhem Bariton einen Gesang mit

Fußstampfen und Händeklatschen. Er wirft enthusiastisch seine Arme hin und her und ruft dazwischen laut und bestimmt: »Macht mit!«

Die Menge antwortet leidenschaftlich und mit ganzem Herzen. Beim Umschauen findet man niemand, dessen Lippen sich nicht bewegen. Sie singen aus voller Kehle. Die Lieder sind mir vertraut. Der Beat ist fremd, das Schlagzeug treibt das Tempo voran. Tamburins bringen einen neuen Ton in den Klang der traditionellen Instrumente wie Klavier und Orgel.

Eine fast greifbare Glückseligkeit herrscht in diesem alten Versammlungsraum. Während ich die lächelnden Gesichter eingehend beobachte, stelle ich auf einmal fest, daß ich mitlächele.

Diese Versammlungen im Bethel Tabernacle gibt es nun schon seit drei Jahren. Meistens sind sie überfüllt. In diesem Zeitraum sind mehr als 4200 Drogensüchtige durch die Versammlungen gegangen, die meisten von ihnen wurden geheilt. Der Pastor dieser Gemeinde spricht von einer »30-Sekunden-Befreiung« durch Jesus. Toby, ein 38jähriger früherer Rauschgiftsüchtiger, nickt zur Bestätigung, um alle Zweifel auszuräumen.

»Vor dieser Erweckungszeit«, sagt der Pastor, »habe ich jeden Jugendlichen, der high in die Versammlung gekommen ist, eigenhändig hinausgeworfen, ebenfalls alle, die den Gottesdienst störten. Nun haben wir gelernt, sie alle zu akzeptieren, damit der Heilige Geist durch unsere Gemeinde an ihnen arbeiten kann. Das hat lange gedauert, bis wir soweit waren«, gibt er zu.

Der treibende Mann ist Breck Stevens. Er war selbst ein Süchtiger. Irgendwann tauchte er dann einmal im Gottesdienst auf und bekehrte sich. Einfach so.

Er fing nicht nur an, seine Freunde

mitzubringen, sondern er begann auch, über seine Bekehrung zu berichten. Als feuriger, dramatischer Non-stop-Redner erregte er die Zuhörer und zog die Massen an. Seine Evangelisation wurde zu einer Art Langspielplatte.

Wenn Breck jetzt predigt, holt er tief Luft und bläst die Botschaft von der Erneuerung durch Jesus Christus in einem mächtigen, atemlosen Strom heraus. Ihm schließen sich viele junge Leute an, die ihre Erfahrungen mit Jesus loswerden wollen.

»Ich habe mich vor drei Monaten bekehrt«, erzählt Shelly. »Ich habe Rauschgift genommen. Aber jetzt habe ich Jesus in mir. Das schlug einfach bei mir ein. Meine Lehrerin fragte mich, ob ich irgend etwas genommen habe, ob ich auf einem Trip sei. Ja, so fragte sie mich. Da habe ich ihr erzählt, daß Jesus in mir lebt.«

Die jungen Leute, die regelmäßig zum Bethel Tabernacle kommen, haben alle die Hölle an sich selbst erfahren. Man versteht es, wenn man ihren Berichten von Drogen, Sex und Zauberei zuhört. Dabei lernt man wirklich an den Teufel zu glauben. Es wird leicht, sich eine brennende Hölle vorzustellen.

»Der Teufel hat letzte Woche an mir gearbeitet«, sagt ein Mädchen zur zustimmend nickenden Gemeinde. »Aber die Liebe Gottes hat mich durchgebracht . . .«

Ein andermal sitzen wir auf dem Fußboden der Truett Memorial Baptist Church in Long Beach, einer alten, traditionellen Gemeinde. Es ist Montag, und an diesem Abend findet immer eine Jugendveranstaltung statt, die sich »Salz und Licht« nennt und von den Jugendlichen selbst gestaltet wird.

Zuerst wird eine Weile gesungen, aus voller Kehle und aus vollem Herzen. Zwischendurch gibt der Leiter bekannt, daß an diesem Abend 300

Zuhörer da sind, ein neuer Rekord. Die Menge explodiert mit tosendem Beifall.

Die jungen Leute in der Truett-Gemeinde sind von den Gottesdiensten in der Calvary-Gemeinde beeinflußt. Aber sie haben sich wegen des Zungenredens abgesetzt, das sie dort erlebten. Sie gingen zu ihrem Pastor und fragten ihn, ob sie in ihrer Gemeinde mit einem eigenen Gottesdienst beginnen könnten. Der Pastor war so vernünftig, ihnen ihren Willen zu lassen, und so ging es los.

In weniger als acht Monaten ist die Zahl der Besucher auf 300 gestiegen. Die jungen Leute sitzen auf dem Teppichboden, Stühle gibt es nicht.

Ein großer Teil des Gottesdienstes besteht, wie in der Calvary-Gemeinde, aus Singen und Loben. Oftmals werden Psalmen vertont. Die jungen Leute schwingen ihre Arme, klatschen oder bewegen ihre Körper im Rhythmus der Musik. Sie strecken ihren Zeigefinger nach oben, das »One-way-Zeichen«. Es bedeutet: Jesus ist der einzige Weg.

In der Truett-Gemeinde wechseln sich acht junge Männer beim Predigen ab. »Für mich ist es schon etwas ganz Besonderes, wenn ich mit der Predigt beginne«, sagt einer von ihnen, »denn so oft komme ich gar nicht an die Reihe.«

Das Gefühl ihrer Gemeinschaft gibt ihnen eine Stärke, die größer ist als ihre Zahl. Sie zeigt sich in den ehrlichen, offenen und klischeefreien Zeugnissen, die sie geben.

Ein Mädchen, schlank und langhaarig, steht vorne. Sie hat ein feuerrotes Hemd an und trägt glockenbehängte Pants. Sie zögert, sie hat Angst, überwältigt zu werden von der anstürmenden Flut der Gedanken.

»Leute«, sagt sie, »ich bin Freitagabend zum Rockkonzert gegangen. Wieviele von euch waren da?« Ungefähr die Hälfte der Besucher stehen auf. »Das war Klasse, einsame Klasse.

Ich meine, so wie die Jungs gespielt haben. Ich habe meine Arme hochgerissen. Ich habs richtig fühlen können. Ich spürte, wie meine Arme leicht wurden, und ich konnte fühlen, daß sie fast bis zum Himmel reichten. Es war einfach toll!«

Überall in der Versammlung wird zustimmend genickt. »So ist es richtig! Weiter!« rufen einige. Sie fährt fort: »Ich entsinne mich . . .«

Auf einmal stellte ich fest, daß ich mitnickte, denn ich war bei diesem Konzert auch dabei, und ich erinnere mich an meine eigenen Gefühle.

Das Konzert sollte um 19.30 Uhr beginnen. Aber als ich ankam, ungefähr um 21.00 Uhr, standen immer noch 200 bis 300 junge Leute draußen. »Hat's noch nicht angefangen?« frage ich.

»Klar, Mensch, es hat um halb acht pünktlich angefangen«, antwortet ein Langhaariger.

»Aber was macht ihr hier draußen?«

»Wir warten, Mann, vielleicht kommt jemand raus, und dann kriegen wir'n Platz.«

Ich ziehe meine Pressekarte heraus und darf hineingehen. Vorsichtig steige ich im dunklen Versammlungsraum über Körper. Ich schlage mich bis zur Bühne durch. Angestrahlt von Scheinwerfern sehe ich auf der Bühne die »Love Song«, eine Rockgruppe.

Ihre Musik hat einen harten Beat. Die Menge klatscht im Rhythmus mit. Am Ende einer Nummer explodieren sie mit dröhnendem Applaus. Überall in der Versammlung sieht man das Zeichen, den zum Himmel aufgerichteten Zeigefinger. Ich drehe mich um und sehe die vielen Hände in der Luft, schwarze Silhouetten im Scheinwer-

In der Truett Memorial-Gemeinde haben junge Leute mit eigenen Bibelstunden begonnen. Über 300 nehmen daran teil, singen, geben Zeugnis.

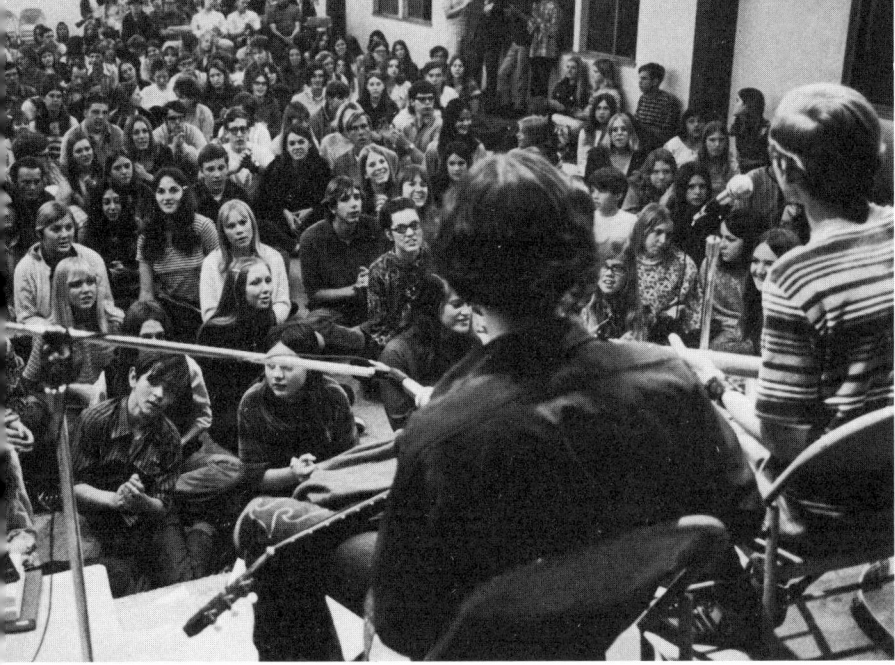

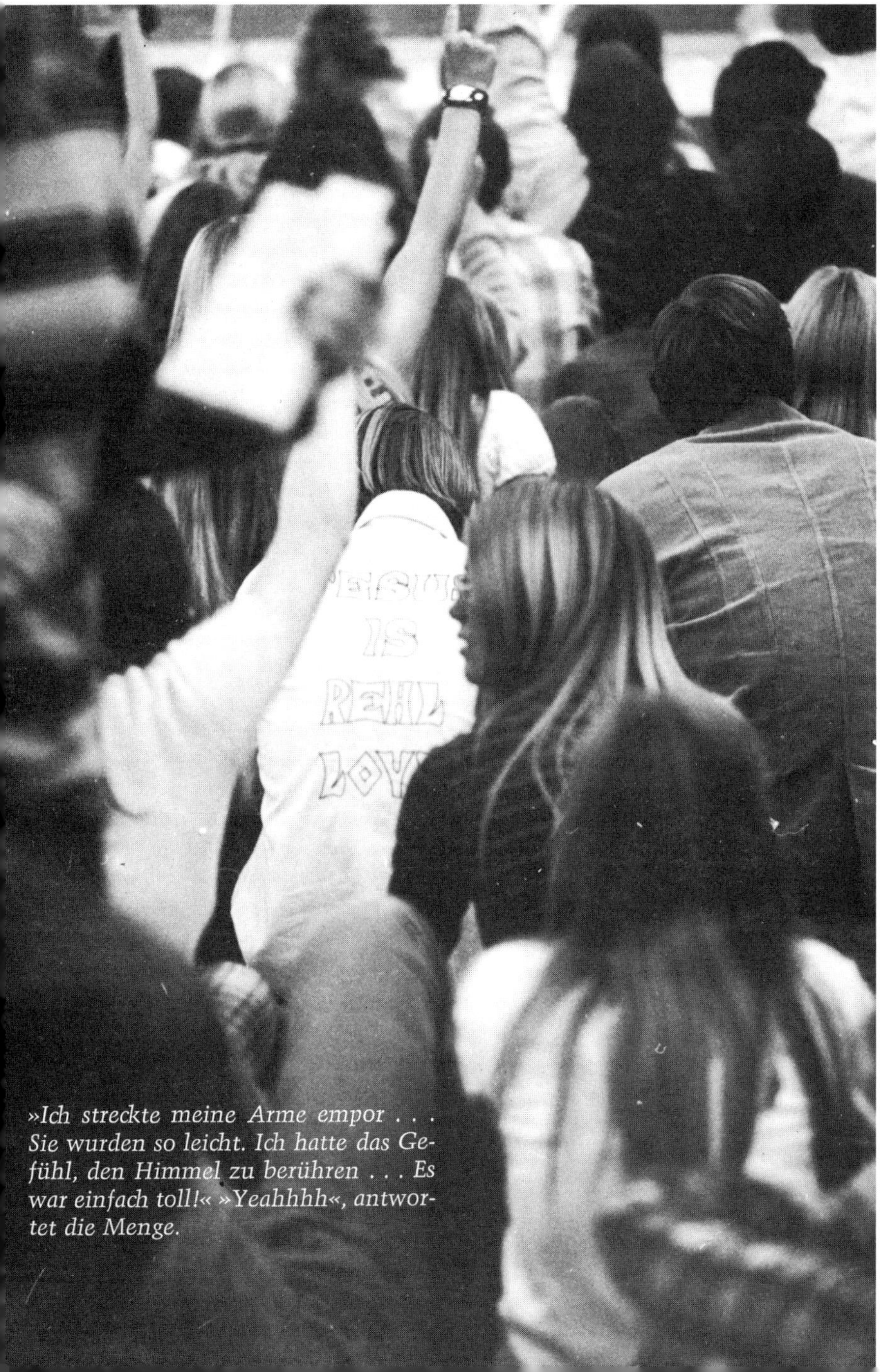

»Ich streckte meine Arme empor . . . Sie wurden so leicht. Ich hatte das Gefühl, den Himmel zu berühren . . . Es war einfach toll!« »Yeahhhh«, antwortet die Menge.

ferlicht. Sie sind bis weit hinten auf der Empore zu sehen. Man spürt förmlich die Kraft dieser Bewegung.

Wir sind in einer Schulaula. 1 700 junge Leute haben Einlaß gefunden, weitere 1 000 sitzen zusammengepfercht in der Turnhalle. Einige hundert stehen noch geduldig vor dem Eingang, in der Hoffnung, daß jemand die Versammlung vorzeitig verläßt.

Eine Lokalzeitung schätzt, daß ungefähr 5 000 junge Leute zum Rockkonzert »Ewiges, lebendiges Wasser« gekommen waren. Es wurde von der Calvary-Gemeinde veranstaltet, zu der fünf Rockgruppen gehören, alles überzeugte Christen.

Während des Abends rotieren die Bands zwischen der Turnhalle und der Schulaula. Sie spielen so gut wie Berufsmusiker. Zwischen ihren Stükken geben sie ihre Zeugnisse. Zurückhaltend und überzeugend ehrlich erzählen sie von der Suche nach dem Sinn des Lebens, von ihren Trips mit Drogen, vom Sex und von okkulten Religionen – bis sie Jesus fanden.

Sie schließen mit einer bewegenden, überwältigenden Nummer, die Jesus als den Herrn preist.

Wenn die Versammlung ruhig wird, kommt Chuck Smith zum Mikrofon. Mit seiner tiefen und freundlichen Stimme gibt er bekannt, daß alle die nach vorn kommen sollten, die mehr über Jesus wissen möchten oder sich für ihn entscheiden wollten.

Ist das ein Andrang! Es ist nicht ein Bach, der nach vorne strömt, es ist ein rauschender Strom. Einhundert, zwei-, drei-, vierhundert junge Leute kommen auf die Bühne. Tränen strömen über ihre Wangen, ein breites Lächeln entsteht auf ihren Gesichtern. Sie umarmen – elektrisiert von diesem Augenblick – Freunde und Fremde.

Hände erheben sich im Saal und strecken den Zeigefinger aus. Dann beginnen sie, den Love Song zu singen. Die Menge auf der Bühne sig-

Ein Augenblick reiner Freude —
neugeborene Christen
steigen nach einer Taufe im Ozean
aus dem Wasser.

nalisiert zurück, ebenfalls mit dem ausgestreckten Zeigefinger.

Fühle ich den Geist, der die Versammlung durchdringt? Im stillen gebe ich das Echo zurück, das Echo des Jungen, der auf der Treppe neben mir sitzt: »O Mann, es ist so toll, so toll! Preist den Herrn!«

Diese monatlichen Rockkonzerte sind einer der größten evangelistischen Vorstöße der Calvary-Gemeinde. Im Sommer machen sie das gleiche am Strand. Die Gruppen spielen solange, bis eine Menge von 500 bis 1 000 jungen Leuten zusammen ist. Dann predigt irgend jemand und ruft zur Entscheidung auf. Viele kommen nach vorn.

Neben den fünf Rockgruppen gehört eine Bibelschule und etwa fünfzig Kommunen zur Calvary-Gemeinde. Sie führt Antidrogenprogramme in Schulen durch, dazu Evangelisationen am Strand und unterhält eine Farm in Oregon zur Ausbildung von Mitarbeitern.

Die Calvary-Gemeinde ist überkonfessionell. Sie hat einen Bibelkurs ins Leben gerufen, den jeder, der mit Jesus leben möchte, besuchen kann. Mehr als 100 Menschen je Woche haben im vergangenen Jahr ihre Entscheidung für Christus getroffen.

»Viele dieser jungen Leute waren zu Nomaden geworden, irgendwo auf der Flucht«, sagt Chuck Smith. »Als sie Jesus fanden, wurden sie seßhaft. Gerade in dieser Woche habe ich drei Paare aus ihrem Kreis getraut.«

»Wir glauben, daß die Calvary-Gemeinde das Herz der Jesus-Bewegung ist«, ergänzt Chuck Smith. »Gott hat uns vorbereitet, weil wir zweieinhalb Jahre über die Agape, über die Liebe, gepredigt haben. Als die jungen Leute dann kamen und das ganze losging, haben wir sie so akzeptiert, wie sie waren. Wir haben sie nicht aufgefordert, sich zu ändern. Das ist ein Teil der reinigenden Arbeit des Heiligen

Geistes, sie zu ändern und von all den Dingen freizumachen, an denen sie hängen, wie Drogen, lange Haare, Zigaretten und anderes.«

Die »Children of the day« (Kinder des Tages), eine der Rockgruppen der Calvary-Gemeinde, singt es auf ihre Art und Weise:
»Du vertreibst nicht die Finsternis in dir,
du machst nur einfach Licht.«

Nach den Gottesdiensten lädt die Gemeinde die jungen Leute zur Nachversammlung ein, wobei sie ermutigt werden, um die Taufe mit dem Heiligen Geist zu beten und die Gabe des Zungenredens zu empfangen.

Diese Praxis hat die Kritik anderer Pastoren hervorgerufen. Einer, dessen eigene Gemeinde eine Erweckung unter der Jugend erlebt, argumentiert so: »Calvary ist eine Pfingstgemeinde, ich kümmere mich nicht um das, was sie sagen.«

Aber Smith betont, daß die Calvary-Gemeinde das Zungenreden von ihren jungen Leuten nicht fordert. »Wir unterscheiden uns sehr deutlich von allem Pfingstlertum«, sagt er. »Wir glauben, daß die größte Manifestation des Heiligen Geistes die Liebe ist.«

Dramatische Glaubenskundgebungen sind typische Zeichen der Jesus-Bewegung. Die fünf Prediger der Calvary-Gemeinde haben vor kurzem 700 junge Leute an einem Tag getauft; in einem früheren Gottesdienst waren es mehr als 1 000.

Es ist schon eine überwältigende Zeit. Die jungen Leute spüren einen Strom, der durch die Menge geht. »O Mann«, rief ein klatschnasses Mädchen aus, »ich liebe Jesus so sehr; nie in meinem ganzen Leben vorher bin ich so glücklich gewesen. Ehre sei Jesus!« Das Wasser lief ihr in Strömen über das Gesicht — oder waren es Tränen? Aber ihr schien es gleich zu sein, als ihre Freunde sie wieder mit offenen Armen in Empfang nah-

men. Sie riefen ihr Glückwünsche zu, voller Lob und Dank.

Die großen Zahlen scheinen die Bewegung nach vorn zu bringen, wie ein Mann, der eine schwere Last trägt und schneller und schneller läuft, damit er nicht hinfällt. Der zahlenmäßige Erfolg ist erstaunlich, er ist in vielen Orten nachzuprüfen, vor allem an den Ufern des Ozeans, wo immer wieder die nassen Mädchen und Jungen aus dem Wasser kommen.

Angesichts dieses Phänomens ist es verständlich, daß Chuck Smith davon spricht, daß wir gleiche Zeiten erleben wie die ersten Christen, die damals ebenfalls ihre Welt auf den Kopf stellten.

Taufgottesdienste am Meeresstrand sind spektakuläre Höhepunkte der Jesus-Bewegung, aber andere Aspekte begegnen einem viel häufiger, obwohl sie von geringerem öffentlichen Interesse waren. Typisch sind die »Coffeehouses« (in Deutschland werden ähnliche Einrichtungen meist Teestuben genannt), zum Beispiel »The Vine« in La Habra, einem anderen Vorort von Los Angeles. Die Räume wurden von der Stadt zur Verfügung gestellt, weil dort eine fantastische Arbeit unter jungen Leuten geschah. Don Matison, der Leiter dieser Teestube, bekam das öffentliche Jugendzentrum für einen Dollar Jahresmiete. Er betonte gegenüber den Verantwortlichen der Stadt, daß er das Programm so gestalten würde, wie er es vor Gott verantworten könnte. Das war kein Problem. Die Leute von der Stadtverwaltung stimmten zu.

Das Zentrum ist jeden Tag zum Bibelstudium, zum Griechisch-Unterricht und für verschiedene Arten der Gemeinschaft geöffnet. Freitag und Sonntag enthält das Programm Zeugnisse, Predigten und den Ruf zur Entscheidung. Junge Leute stehen auf und bitten Jesus, von nun an ihr Leben zu gestalten.

**Sie umarmen — elektrisiert
von diesem Augenblick — Freunde und Fremde.
Hände erheben sich im Saal
und strecken den Zeigefinger aus. —
»Jesus, der einzige Weg!«**

Unkonventionelle Bibelstunden ziehen jeweils mehr als 700 junge Leute zur Calvary-Gemeinde — und das an drei Abenden in der Woche.

»Mann, ich war in einem so miserablen Zustand. Ich bin an diesem Abend nur gekommen, weil ein Mädchen mich dazu eingeladen hat. Jetzt hat Jesus mich auch umgewandelt. Ehre sie Gott!«

Eine presbyterianische Kirche in Hollywood unterhält eine Teestube, die »Salzkompanie« genannt wird. Alle paar Monate veranstalten sie im größten Versammlungsraum der Gemeinde ein Konzert, zu dem mehr als 2 000 junge Leute zusammenströmen.

Eine Baptistengemeinde in Beverly Hills, die nur zwei Blocks vom Sunset Strip entfernt ist, führt ein Sommerprogramm mit wöchentlichen Rockkonzerten durch. Sie wenden sich besonders an die jungen Leute auf dem Strip. Einige von ihnen sind Oberschüler, die von zu Hause weggelaufen sind. Andere sind aus dem College ausgerissen, wieder andere sind hoffnungslose Drogenkonsumenten. Rockgruppen spielen christliche Musik und berichten von ihrem Leben mit Jesus. Pastor Barry Wood, der

selbst in diesem Milieu groß geworden ist, predigt.

Junge Leute der Gemeinde haben Sandwiches vorbereitet und verteilen sie in der Eingangshalle der Gemeinde. Dabei berichten sie im persönlichen Gespräch von Mann zu Mann von Jesus. Einige kommen, um kostenlos Essen zu erhalten, und finden dabei Jesus. Sie hören die Botschaft von der Liebe Gottes und dabei wird ihr geistlicher Hunger größer als der nach der nächsten Mahlzeit.

Eine andere, größere Aufgabe am Sunset Strip wird von »His Place« wahrgenommen, das von Arthur Blessitt und seinem Stab geleitet wird. Der Charakter dieser Arbeit ändert sich zur Zeit, weil nicht mehr so viele junge Leute am Strip zu sehen sind wie noch vor drei Jahren. Die Mitarbeiter von »His Place« sehen dafür zwei Gründe: Einmal haben viele der jungen Leute Jesus angenommen und haben das Vagabundieren am Strip aufgegeben. Außerdem können viele ihre Drogen in der eigenen Nachbarschaft bekommen und müssen nicht mehr zum Strip gehen, um sie dort zu kaufen.

Aber »His Place« hat jeden Tag um Mitternacht seinen Gottesdienst. Meistens ist eine große Menge anwesend. Inzwischen hat Blessitt drei seiner Mitarbeiter mitgenommen, um in diesem Sommer am Time Square in New York zu predigen. Er möchte gern, daß sich die Bewegung über das ganze Land forsetzt.

Blessitt ist eine der wenigen bekannten Persönlichkeiten, die aus der Jesus-Bewegung hervorgegangen ist. Aber es sind nur einzelne, die ihm diesen Ursprung zugestehen und ihn als einen ihrer Führer bezeichnen.

Wer aber leitet die Jesus-Bewegung?

Chuck Smith?

»Er möchte nicht so bezeichnet werden«, sagt Duane Peterson, der

Herausgeber des »Hollywood Free Paper«, einer christlichen Untergund-Zeitschrift mit einer Auflage von 260 000.

Ist es Ron Turner oder Breck Stevens?

»Der einzige wirkliche Führer der Bewegung ist Jesus Christus.« Peterson ist darin unerbittlich. Er hat die Bewegung mehrere Jahre lang beobachtet und dabei als das einzige Bindeglied zwischen den verschiedenen spontan aufbrechenden Gruppen in Südkalifornien gewirkt.

»Wir möchten gern den Leib Christi vereinen«, erklärt der jugendliche Peterson, »und allen Gruppen helfen, einander zu ergänzen«. Um genau zu wissen, was anderswo geschieht, lesen die jungen Leute die Anzeigen des »Free Paper«, Anzeigen von Bibelstunden, Konzerten, Teestuben, Telefonseelsorge, Beratungsstellen für Drogenabhängige, Kommunen, freien Kliniken, Jesus-Festivals. Seine Artikel und seine Kommentare geben gleichzeitig einen Einblick in die Jesus-Bewegung und bringen die neuesten Nachrichten.

Das »Hollywood Free Paper« ist wohl die größte Untergrund-Zeitschrift auf der ganzen Welt. Monatlich einmal veranstaltet sie ein Jesus-Festival im Palladium in Hollywood. Normalerweise werden diese Konzerte von 3 000 jungen Leuten besucht. Eine spezielle Veranstaltung während der Osterfeiertage hat mehr als 7 000 junge Leute einen ganzen Tag lang angezogen.

Unter den Rednern bei diesem Jesus-Festival waren Pat Boone und Arthur Blessitt. Rockgruppen aus der ganzen Gegend wirkten mit. In allen Pausen während des Nachmittags wurde aufgefordert, Jesus Christus als Herrn anzunehmen. Viele junge Leute strömten in den Seelsorgeraum, um Hilfe zu empfangen.

»O Mann, es ist eben alles nur Jesus — er ist der einzige Weg!«

Die christlichen Kommunen

Mansion Messiah ist ein dunkelgrünes zweistöckiges Gebäude am »Costa Mesa Boulevard«, zwischen einen Laden für gebrauchte Möbel und eine Tankstelle gequetscht. Trotzdem existiert dort eine christliche Kommune. »Wir möchten gern, daß dieser Platz ein Beispiel gibt, wie Christen leben sollten«, sagte der 30 Jahre alte Leiter Ed Smith, ein früherer Geschäftsmann. Die Räume sind tip-top sauber, obwohl sie überfüllt sind. Man hat das Gefühl, daß ein puritanischer Lebensstil herrscht. »Die jungen Leute kommen hierher, um christliches Leben auszuprobieren und sich für ihr Zeugnis als Christen zu stärken«, sagt Frank, der in einer New Yorker Kommune lebt. »Wir haben nicht vor, immer hier zu bleiben. Wir wollen lernen, in einer Gemeinschaft zu leben. Später müssen wir unsere eigene Form finden.« »Hier in unserem Haus reifen junge Christen sehr schnell«, sagt Smith, »weil sie viel Zeit mit dem Wort Gottes zubringen!«

Von Küste zu Küste breitet sich unter jungen Leuten ein neuer Lebensstil aus: christliche Gemeinschaft in Kommunen.

Das Haus hat strenge Regeln und Vorschriften. Die Mädchen leben im ersten Stock und dürfen nur zum Saubermachen in die Räume der Jungen. Bisher hatten sie keine Probleme mit dem Zusammenleben von Jungen und Mädchen. Um das Haus zu unterhalten, gehen einige junge Leute ihrem Beruf nach und geben jede Woche ihr gesamtes Einkommen ab. Andere kochen, reinigen das Haus, reparieren oder arbeiten im Garten. Die Kommune hat das Ziel, starke soziale Beziehungen aufzubauen. Das Haus ist immer offen für Besucher. Einmal in der Woche ist das Bibelstudium mit einem Eintopfessen verbunden. Das zieht mehr als 200 junge Leute aus der Nachbarschaft an. »Am Anfang waren wir nicht sicher, wie wir sie versorgen sollten«, sagte Smith. »Aber dann haben wir festgestellt, daß sich Jesus der Sache angenommen hat. Es ist immer dasselbe. Wenn die Mädchen zu mir kommen und fragen, wie viele Essen sie vorbereiten sollen, dann kann ich ihnen nur sagen: ›Fragt Jesus!‹ Wir haben bisher immer genug gehabt, und niemals ist etwas schlecht geworden.«

Die jungen Leute wohnen zu zweit oder zu dritt in den Räumen. Manchmal hat einer das starke Bedürfnis nach einem ganz privaten Raum. Dann kann er sich in die »Gebets-Box« begeben, die außerhalb des Hauses liegt. Dort kann man die Zeit ganz allein mit Gott zubringen. Nach einigen Monaten gehen die meisten wieder fort.

Viele beginnen irgendwo einen Dienst, andere starten Kommunen irgendwo in den Vereinigten Staaten. Mansion Messiah ist nur ein Name von vielen. Andere Kommunen schießen wie Pilze aus dem Boden. Sie werden von jungen Christen geprägt, die nach dem Vorbild Jesu einen neuen, gültigen Lebensstil suchen.

Während Bill Landers leise singt, ruft Hogue die jungen Leute auf, nach vorn zu kommen. Und sie kommen langsam, aber stetig — fünf, neun, achtzehn, vierundzwanzig; glücklich traurig, zu Tränen bewegt.

Die elektrisierende Erweckung

Wird sie in die Kirchen hineinstoßen oder sie umgehen?
Bedeutet sie überhaupt etwas?
Wer kümmert sich um sie?
Wo kann man sie einordnen?   **Dallas Lee**

Taufgottesdienst in einer Gemeinde in Houston.

»Das ist doch zum Gähnen«, sagte mir jemand sarkastisch, »das ist doch dort, wo die alten, dicken, reichen Christen hingehen. Langweilige Religion, ohne Leidenschaft, keine Dramatik mehr, obwohl es um Fragen über Leben und Tod geht. Ist das nicht dort?«

Der erste langhaarige Teenager steigt in das Taufbecken und setzt einige Wellen in Bewegung, die um den Talar des Pastors spülen. Die Teenager sitzen in den Gängen, lehnen an den Wänden. Sie sitzen sogar mit übergeschlagenen Beinen direkt unter der Kanzel.

Einige erkennen den Jungen, der gerade die Hand des Pastors im Taufbecken ergriffen hat. Irgend jemand flüstert es weiter, als er ihn erkennt, und plötzlich sagt er ganz laut: »O Mann, er ist es, lobt den Herrn!«

Der Pastor richtet den Jungen wieder aus dem Wasser auf, und die Menge bricht in donnernde Jubelrufe und Pfiffe aus.

»Lobt den Herrn!«, rufen sie, »er hatte es nötig, lobt den Herrn . . .!« Der Junge streicht durch sein langes Haar, daß ihm das Wasser den Rücken herunterläuft, und verläßt das Taufbecken mit einem feierlichen Grinsen auf seinem Gesicht.

»Ich will ihnen etwas sagen«, meint der Pastor nach dem Gottesdienst, »ich habe zwanzig Jahre lang gepredigt, daß Menschen über Jesus so begeistert sein sollten wie über Fußball. Nun erlebe ich es.«

Sonntagabend in einer Gemeinde in Nashville: Junge Leute berichten über eine Evangelisationskonferenz. Ein Junge schlendert auf die Kanzel zu, nachlässig gekleidet, ziemlich lange Haare, rhythmisch den Kopf wiegend. Er schaut auf die Versammlung, die etwa zur Hälfte aus traditionellen Kirchgängern besteht. Dann

aber, mit einer verheerenden Plötzlichkeit, stört er die verschlafenen Herzen wie ein plötzlich auftauchender Dieb.

Er wirft seine Arme hoch in die Luft und schreit:

»Gebt mir ein J!«

Und die Jugend antwortet unisono »JJJJJJJJJJ!«

»Gebt mir ein E!«

»EEEEEEEEEE!«

»Gebt mir ein S!«

»SSSSSSSSSS!«

»Gebt mir ein U!«

»UUUUUUUUUU!«

»Gebt mir ein S!«

»SSSSSSSSSS!«

»Jesus!«

Die Erwachsenen sitzen in ihren Bänken wie vom Blitz getroffen. Der junge Mann erklärt: »Wir sind gepackt von Jesus. Das möchten wir euch sagen!« Dann berichtet er von der Evangelisationskonferenz. Noch einmal lädt er die Erwachsenen ein, mitzumachen, als sein Bericht beendet ist.

»Gebt mir ein J!«

Zaghaft kommt es etwa von der Hälfte der Erwachsenen: »JJJJJJJJJ!«

Was werden die Kirchen tun, wenn eine Erweckung dabei ist, die jungen Leute im ganzen Land mitzureißen? Es ist eine »elektrisierende Erweckung« mit stampfender Musik, mit Jesus-Freudenrufen, mit Taufen im Fluß und im Ozean und was es sonst noch an »unerlaubten religiösen Ekstasen« gibt.

Was werden die Kirchen tun? Werden sie die Bewegung aufnehmen, werden sie davonlaufen? Werden sich die Bewegung zu eigen machen, oder werden sie versuchen, das Neue zu begraben?

»Es ist die Verantwortung der Kirchen, die jungen Leute so anzuleiten, daß sich die Jesus-Bewegung weiter entfalten kann. Ich glaube, daß heute die größte Erweckung stattfindet, die

wir je erlebt haben. Wenn diese Bewegung nicht vorangeht, wird man sagen müssen: ›Die Kirchen haben sie zerstört.‹«

Das sagt Richard Hogue, ein 24jähriger Evangelist, der die traditionelle Verkündigung mit seiner hippieähnlichen Rockmusikgruppe verbunden hat. Sein Team nennt sich SPIRENO, eine Abkürzung für SPIRITUAL REVOLUTION NOW. Zu seinem Team gehört ein Rockmusiktrio, das durchaus professionelle Musik macht. Zusammen sind sie in die Oberschulen gegangen und haben dort eine Bewegung in Gang gesetzt. Sie verkündigen das Evangelium im typisch fundamentalistischen Stil und sprechen vom nahen Ende der Welt. Mit Erweckungsversammlungen im alten Stil haben sie Gemeinden aufgeweckt und Teenager begeistert, in den modernen Oberschulen der Vororte zu predigen und von ihren persönlichen Glaubenserfahrungen zu berichten.

»Diese jungen Leute sind offen für die Kirche«, sagt Hogue, »es ist nur eine Frage, ob die Gemeinden offen sind für sie.« Hogue könnte vielleicht einer der besten Brückenbauer zwischen den abgestumpften, wohlhabenden und administrativ erfolgreichen Gemeinden und den jungen Leuten sein, die begeistert sind und nicht möchten, daß irgendein Hindernis zwischen ihnen und Jesus steht.

Die Jesus-Bewegung ist etwas Neues. So kann Hogue überall mit der Erlaubnis rechnen, in Kirchen und Schulen aufzutreten.

»Die Bewegung ist überall, Mann! Sie ist eine geistliche Revolution, sie ereignet sich heute. Sie ist nichts für dich, wenn du mit deinen Micki-Maus-Spielen weitermachen willst. Sie ist genau das Richtige, wenn du wirklich ernsthaft daran interessiert bist, herauszufinden, was das Leben bedeutet . . .«

In Oklahoma City gehen Hogue und seine Gruppe unangemeldet zu

»Die größte Erweckung, die wir je erlebt haben. Wenn sie nicht vorangeht, haben die Kirchen sie zerstört.«

einer Oberschule. Es ist 45 Minuten vor Unterrichtsbeginn. Hogue fragt den Direktor um die Erlaubnis für eine kurze Versammlung. Der Direktor stimmt zu und sagt: »Wo soll die Versammlung sein? Vielleicht im kleinen Theater?« Hogue fragt zurück: »Welches ist ihr größter Versammlungsraum?« »Ja, daß ist die Turnhalle, aber . . .« »Das ist ausgezeichnet«, sagt Hogue, »und vielen Dank!«

Er beginnt seine Versammlung mit etwa 20 jungen Leuten, die bereits wußten, daß er kam. Die Band spielt ein mitreißendes Stück, und dann sagt Hogue: »Gut so; geht jetzt alle hinaus und versucht, mehr Leute hereinzuholen.«

Innerhalb von fünf Minuten sind 300 junge Leute in der Turnhalle, und es kommen immer mehr. Die Band wirkt irgendwie elektrisierend, es entsteht Atmosphäre.

Hogue bewegt sich mit der Musik, er nickt mit dem Kopf. Er sieht gut aus, er ist auffallend elegant gekleidet.

»Ihr habt von der Jesus-Bewegung in Kalifornien gehört. Ich möchte, daß ihr wißt, daß sie nicht nur in Kalifornien ist – überall findet ihr sie. Jetzt ist sie hier in Oklahoma City . . .«

Am Abend versammelt sich die Menge in einer Kirche. Wieder erklingt der packende Rhythmus. Zum Schluß platzt die Versammlung aus allen Nähten. Alle strömen in die Turnhalle der Gemeinde.

Es gibt einen ganz bestimmten Rhythmus bei dieser Jesus-Bewegung, einen pulsierenden Strom, an den sich die jungen Leute anschließen. Er bringt sie in eine feierliche Bewegung. Hogue bewegt sich mit, nach vorn, zur Seite, in diesen Strom hinein. Sein langes Haar fließt. Er spricht über Jesus. Der Beifall donnert. Er geht mit dem Strom. Er steht ganz nah bei den Zuhörern, und die jungen Leute strecken sich aus, berühren ihn, als er sich mit ihnen be-

wegt. Er ist ein elektrisierender Evangelist.

Wir sind in einem kleinen Ort in Ohio. Hogue und sein Team sollen um 19.30 Uhr eine Versammlung halten. Um 18.45 Uhr ist der Saal bereits voll. Die jungen Leute machen es sich in den Gängen bequem, andere sitzen vorne unterhalb der Kanzel. Sie warten mit spürbarer Spannung, wie man es auch bei einem Rockkonzert findet. Hogue und sein Team waren schon einmal in diesem Ort. Daher ist der Raum auch so früh überfüllt.

Irgendjemand fängt an. Hände schießen hoch, die Rechte zeigt das V-Zeichen für »Sieg« (victory), die Linke den ausgestreckten Zeigefinger, der zum Himmel zeigt. Der Gesang beginnt zu fließen. »Ein Weg, ein Weg, ein Weg . . .« Ein Jesusruf explodiert in der anschwellenden Atmosphäre: »Gebt mir ein J!«

Noch immer sind es zwanzig Minuten bis zum eigentlichen Beginn. Dann endlich trifft das Spireno-Trio ein – die 22 Jahre alte Mary Maudlin, braungebrannt, gut aussehend, volles, leicht braunes Haar; der 21 Jahre alte Dave Smith, groß, schlank, mit einem kleinen Bart; der 20 Jahre alte Bill Landers, ein hochbegabter Musiker, er spielt Gitarre und Klavier und schreibt die meisten Lieder, die diese Gruppe singt.

Die Menge bricht in Jubel aus. Sanft gleitet das Trio in den Rock-Sound. Sie singen einfache Jesus-Lyrik:

». . . wenn du niemals dein Leben Jesus gegeben hast,
dann bist du blind wie eine Fledermaus,
mein Freund, mein Freund,
und du weißt nicht,
was Wirklichkeit ist . . .«

So geht es Abend für Abend. Der Versammlungsraum mit 1 300 Sitzplätzen ist gerammelt voll. Hunderte

mußten nach Hause gehen. Die Stimmung wird immer besser, die Menge steigert sich in Hochrufe hinein, in »diese unkontrollierbare, feierliche Anbetung des lebendigen Jesus Christus«.

Obwohl Hogue und sein Team stark eschatologisch ausgeprägt sind, gilt ihre Botschaft dem Leben heute: »Ihr könnt Leben im Überfluß haben!« Die Stimmung ist festlich.

Abend für Abend singt das Trio. Hogue spricht nicht von der Kanzel aus. Er bewegt sich mit der Gruppe, er übernimmt dann die Leitung, wenn das Trio Pause macht. Dann spricht er in einfacher Weise über Jesus. Er läßt sich bequem nieder und beginnt die Zuhörer zu überreden, alles Jesus auszuliefern.

Die jungen Leute kommen nicht plötzlich und in großer Zahl nach vorn, wie etwa in Kalifornien, sondern nach und nach, immer nur einige zur gleichen Zeit. Hogue dehnt die Zeit des Rufes zur Entscheidung auf 15 bis 20 Minuten aus. Hogue redet mit seiner ruhigen, dunklen Stimme zu ihnen: »Nun, bist du nicht müde von deinen alten Wegen?« Alle Köpfe beugen sich. »Warum zögerst du noch?«

So geht es Abend für Abend in dieser Woche. Die jungen Leute kommen, obwohl das schlimmste Winterwetter herrscht, das es seit langem in Ohio gab. Jeden Abend kommen eine Menge junger Leute mit Tränen in den Augen nach vorn, wenn Hogue einlädt, das ganze Leben Jesus zu übergeben. Für die Schlußversammlung ist die Kirche zu klein und man strömt in das große Auditorium der Universität. 7 000 Menschen sind anwesend. In dieser Woche zählt man 873 Entscheidungen für Jesus.. 700 Menschen bekennen ihren Glauben öffentlich. Die meisten davon sind Teenager. Die ganze Veranstaltung wurde von den umliegenden Gemeinden der verschiedenen Konfessionen

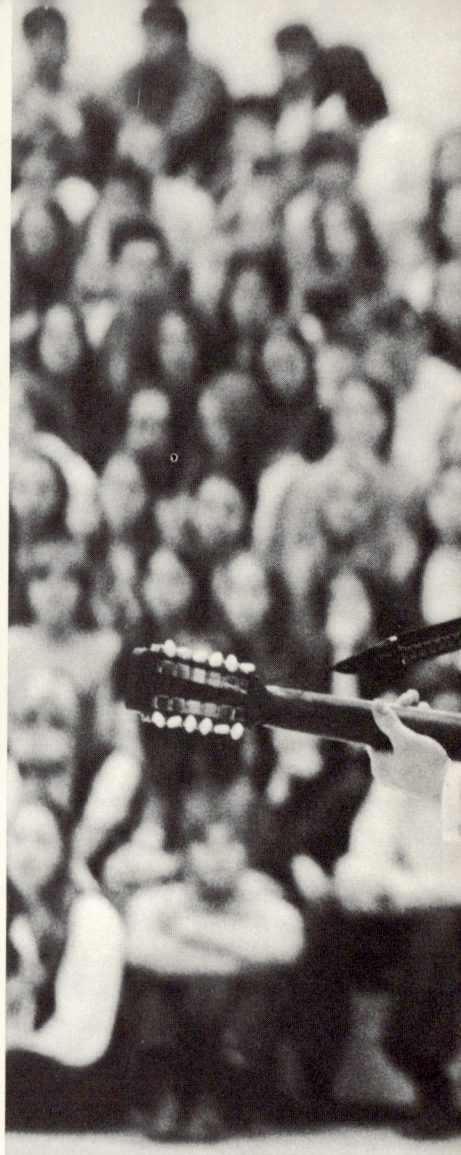

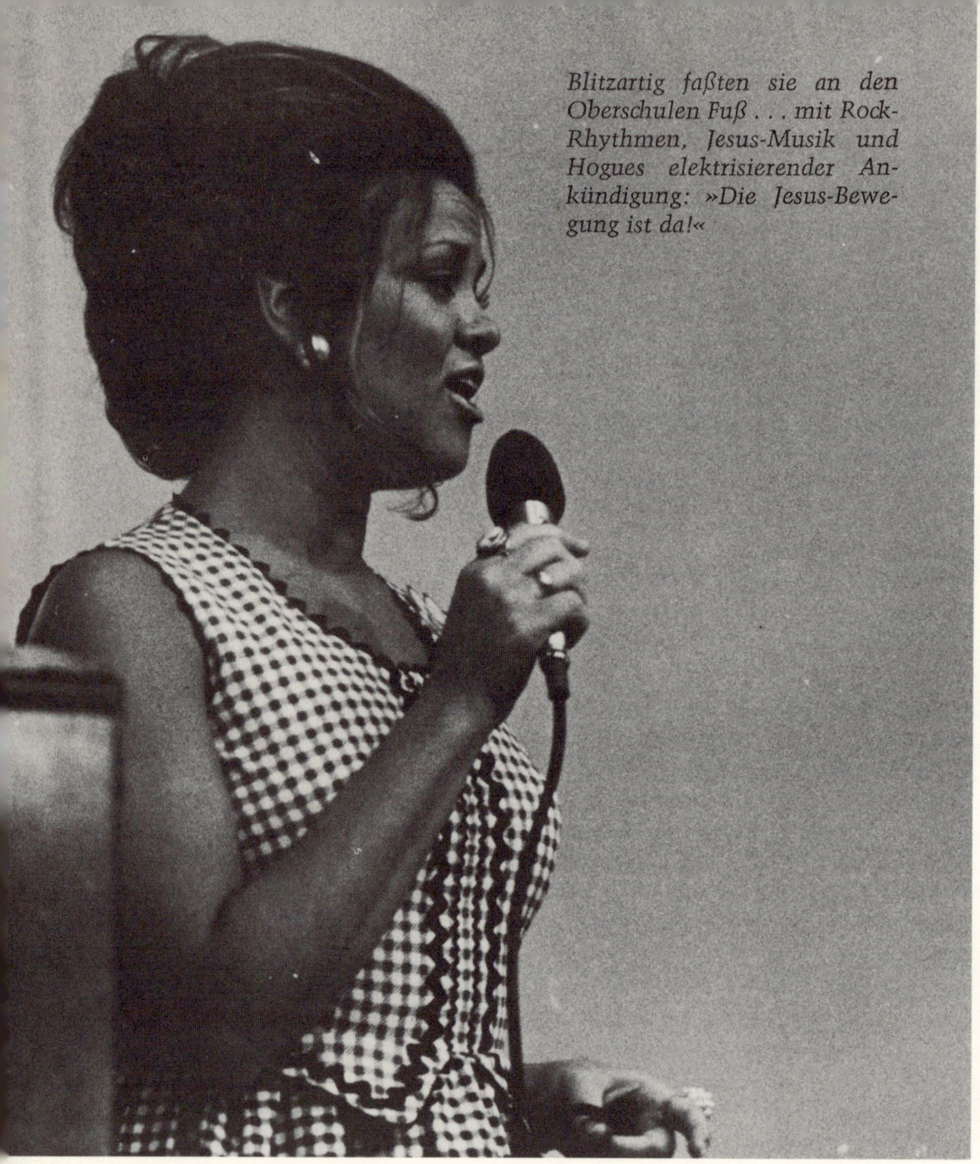

Blitzartig faßten sie an den Oberschulen Fuß . . . mit Rock-Rhythmen, Jesus-Musik und Hogues elektrisierender Ankündigung: »Die Jesus-Bewegung ist da!«

getragen. Hogue hat hier den Strom der Jesus-Bewegung in die Gottesdiensträume hineingeleitet und hat ihn dort gelassen.

Für die Gemeinden, die durch diese neue Erweckung in ihrer emotionalen, angriffigen Art berührt werden, mag die Frage kommen: »Ist dies die Erweckung, für die wir gebetet haben? Wünschen wir dies wirklich?«

Manche Pastoren, gerade aus den traditionelleren Gemeinden, sagen offen, daß sie Angst davor haben, daß alles außer Kontrolle geraten könnte. Einer der Pastoren gibt folgenden Kommentar: »Wir haben gesagt, daß wir eine Erweckung wollen. Ich fürchte, daß wir dabei an eine Erweckung gedacht haben, die alles beim alten lassen würde. Wir wollten damit unsere eigene Art und unsere eigenen Vorstellungen bestätigen. Wenn diese religiöse Welle, die über die sich rhythmisch bewegenden Körper der jungen Leute unser Volk bewegt, wirklich eine Erweckung ist, und wenn die Gemeinden versuchen, daran teilzunehmen, dann wird sich bei ihnen einiges ändern.«

John Bisagno, Pastor in Houston, hält die Antwort der Kirchen auf die Bewegung der jungen Leute für entscheidend. »Diese jungen Leute«, stellt er fest, »hungern nach dem Evangelium. Was ihnen bisher angeboten wurde, Ausbildung, freier Sex, Materialismus und Drogen, hat versagt. Diese Erweckung, die sie völlig umwirft, ist an sich sehr konservativ, sehr biblisch, sehr solide. Aber trotzdem bin ich im Hinblick auf die Zukunft beunruhigt. Wenn das alles nicht in den Kirchen, in den einzelnen Gemeinden verankert wird, kann der Grund für alle Arten von Häresie gelegt werden. Es muß eine Führung entstehen, die auf die Gemeinde konzentriert ist.«

Bisagno gehört zu einer Baptistengemeinde, die bei vielen Menschen die Vorstellung von feierlich gekleideten Menschen und einem hochkirchlichen Gottesdienst hervorruft. Eine solche Gemeinde ist wohl der allerletzte Platz, wo man sich vorstellen könnte, daß Jesus-Süchtige in ein Hallo und ein Kriegsgeschrei während einer Taufe ausbrechen. Und doch ist in diese Gemeinde die Jesus-Bewegung eingebrochen.

Hogue und sein Team, die im allgemeinen außerhalb von Houston arbeiten, brachten die Spireno-Aktion in diese Gemeinde, um dort vier Monate lang einen intensiven Einsatz in der Stadt durchzuführen.

Bewegung, Erregung, Vorstoß und Rückzug, Rückkehr am nächsten

Abend, Musik, Bewegung, Kühnheit, einfaches Evangelium, Bewegung, Musik . . .

Blitzartig faßten sie Fuß an den Mittel- und Oberschulen, mit dem Rock-Rhythmus der Jesus-Musik und mit Hogues elektrisierender Ankündigung: »Die Jesus-Bewegung ist da!« Am Abend kamen sie wieder, blieben in der Schulaula, predigten und sangen und bewegten sich dabei im Rhythmus der Musik.

Sie bewegten sich dabei durch die ganze quirlige Stadt von mehr als einer Million Einwohner. Rock-Musik-Sender gaben täglich bekannt, wo sich die geistliche Revolution gerade befand. Nach drei Monaten war die Gruppe in etwa 80% der Mittel- und Oberschulen der Stadt gewesen, jeweils mit einer kurzen, raschen Vorstellung der Jesus-Bewegung.

Dann zogen sie sich zurück und

blieben für drei Wochen in der Gemeinde. So kamen die jungen Leute von überall her und drängten sich hier zusammen. Hinter dieser Methode stand der Gedanke, daß die jungen Leute einen Platz brauchten, zu dem sie von überall her zusammenkommen konnten.

Nach einiger Zeit besaßen sie eine besondere Stellung im Bewußtsein der Stadt. Bisagno sagt dazu: »Praktisch wußte jeder Teenager in Houston, wer Richard Hogue war.«

Während dieser Kampagne von Spireno registrierte man ungefähr 11 000 Entscheidungen für Jesus.

Etwa 4 000 davon erwiesen sich als echt und dauerhaft. Etwa 70% dieser jungen Leute wurden getauft. Sehr viele fanden einen Platz in einer der Gemeinden in der Stadt.

Bisagno selbst taufte in seiner Gemeinde ungefähr 1 000 von ihnen, 300

Für Spireno öffnen sich die Türen durch ihre Musik — und Musik bedeutet bei ihnen Mary Maudlin, Dave Smith und Bill Landers, das »Three-in-One-Trio«. Von Turnhallen bis zu Gottesdiensträumen zieht ihr leichter Rock-Sound Scharen von Zuhörern an.

nehmen regelmäßig am Leben der Gemeinde teil. Sie haben die Gemeinde mit ihrer spontanen Art völlig verändert. Sie applaudieren bei Berichten und rufen ihre Freude laut heraus, wenn irgendjemand erzählt, daß er sich bekehrt hat.

»Die positive Wirkung ist kaum zu beschreiben«, sagt Bisagno. »Wir haben Schulen in der Stadt, an denen sich die Hälfte der Lehrerschaft bekehrt hat; Schulen, in denen täglich Gebetsversammlungen stattfinden. Seit Spireno dagewesen ist, wollen sich durchschnittlich zwei Familien jeden Sonntag der Gemeinde anschließen, weil ihre Kinder bei der Spireno-Aktion Jesus gefunden haben.«

Am Ostersonntag stellte Bisagno der Gemeinde einen jungen Mann und seine Braut vor, die ihren Glauben an Jesus bekennen wollten. Bisagno sagte nach ihrem Zeugnis, daß er dieses Paar am Nachmittag trauen werde. Die Teenager klatschten Beifall.

Bisagno meint dazu: »Wir haben eine gute, gesunde Balance zwischen dem üblichen Gottesdienst und der Freiheit des spontanen Ausdrucks gefunden. Denn manche jungen Leute wußten nicht, daß es eine bestimmte Art und Weise des Verhaltens gab, die man von ihnen in der Kirche erwartete. Wir haben eben nicht nur kirchlich interessierte Jugendliche erreicht. Zwei Drittel von denen, die wir kennenlernten, waren rebellierende Außenseiter. Als sich einige der ganz krassen Außenseiter bekehrten und getauft wurden, konnte es passieren, daß die jungen Leute spontan riefen: ›Lobt den Herrn! Er hat's gebraucht!‹ und Beifall klatschten. Wir haben nicht versucht, das zu verhindern. Es war so erfrischend. Wir ließen es einfach reifen.«

Bisagno wußte schon sechs Monate vorher, daß diese Erweckung kommen würde. Er hatte angefangen, seine Gemeinde darauf vorzubereiten und die Voraussetzungen dafür zu schaffen. Er hatte über Themen wie Drogen, Sex und Rebellion gesprochen, über die Probleme, denen sich junge Leute gegenübersehen. In einer kompromißlosen Art und Weise verkündigte er, daß diese jungen Leute akzeptiert werden müßten.

Bisagno drückt das folgendermaßen aus: »In diesen dramatischen Tagen gibt es nur drastische Maßstäbe, die von uns gefordert werden. Ich möchte viel lieber, daß diese jungen Leute hier barfuß in unseren Gängen sitzen und Jesusrufe herausschreien, als daß sie barfuß draußen im Park sitzen und Drogen nehmen. Pastoren müssen heute stark sein, erfüllt von einer kühnen Führerschaft, um der Gemeinde unerbittlich deutlich zu machen, welche Rolle sie in der Erweckung unter den jungen Leuten spielen muß.«

Bisagno ruft seiner Gemeinde zu: »Wenn irgend etwas richtig ist, dürft ihr nicht lange überlegen und zögern. Ihr müßt einfach anfangen zu handeln!«

Der Dienstantritt von Bisagno im Frühjahr 1970 war eine starke Herausforderung an die »First Baptist Church in Houston«. Die Gemeinde war verschlafen, wohlhabend und langweilig, von einer formalen, toten Würde. Die Gottesdienste am Sonntagvormittag waren von höchstens 500 Personen besucht. Wenigstens 90% der Gemeinde waren älter als 45 Jahre. Im Gottesdienst saßen vielleicht 15 Leute im College-Alter und vielleicht 20 Teenager.

Jetzt, im Sommer 1971, ist das Bild völlig gewandelt. 2000 Leute kommen zum Predigtgottesdienst, darunter 150 College-Studenten, 500 Teenager und 500 junge Erwachsene unter 35 Jahren.

Diese Änderung in der Stoßrichtung, die die Gemeinde mit Spireno wagte, forderte natürlich seinen Preis: finanziell, emotional und von der Energie her. »Als ich in die Gemeinde kam«, erzählte Bisagno, »erklärten mir die Gemeindeglieder, daß sie ungefähr 40 000 $ auf der Bank hätten. Sie wollten dieses Geld aber nicht ausgeben. Ja, sie hatten sogar ihre Programme zusammengestrichen, um das Geld für einen Regentag aufzuheben, wie sie sagten. Ich antwortete: Wir müssen heute leben!«

Für die Spireno-Aktion haben sie dann Tausende von Arbeitsstunden geleistet und 53 000 $ geopfert. Sie mußten Geld opfern, arbeiten und schwitzen, damit in Houston das gezielt geschah, was an der Westküste spontan entstand. Aber durch ihre Initiative gaben sie ihrer Gemeinde und vielen anderen Gemeinden die Chance, in den Strom der Jesus-Bewegung zu kommen.

»Die jungen Leute sind offen für eine Gemeinde«, sagt Bisagno. »Es ist tatsächlich so. Sie sind nicht nur offen für eine Gemeinde, sie hungern sogar danach. Allerdings nicht nach einer Gemeinde, wie sie sie heute vorfinden, sondern nach einer Gemeinde, wie sie das Neue Testament beschreibt. Bei der Spireno-Aktion haben wir zunächst absichtlich das ganze Geschehen aus der Gemeinde herausgehalten und in den Schulen gehalten. Ab und zu hatten wir hundert oder hundertfünfzig Bekehrungen. Erst zum Schluß haben wir das ganze in die Gemeinden hineingeführt. Dann aber bekehrten sich 1 500 Menschen auf einen Schlag! Von den etwa 1 000 jungen Leuten, die bei den Veranstaltungen in den Oberschulen einen Neuanfang mit Jesus machen wollten, haben nur sehr wenige in unsere Gemeinde gefunden, vielleicht fünfzig. Von den 1 500 jungen Leuten, die sich in der Gemeinde bekehrt haben, sind etwa 1 000 geblieben.

Die jungen Menschen werden zu einer Gemeinde kommen, wo sie von den Menschen geliebt und angenommen werden und wo das Evangelium in einer einfachen Sprache gepredigt wird. Sie werden nicht nur kommen, sondern sie werden sich für eine solche Gemeinde begeistern. Die Gemeinden aber, die sich nicht wandeln, werden von der Bewegung abgehängt werden. Die Erweckung wird um sie einen Bogen machen.

Wenn die meisten Gemeinden so bleiben, wie sie sind, werden sich aus der Erweckung viele Arten der Häresie entwickeln. Daher müssen wir un-

**Die Kirchen sind auf soziale Aktionen ausgerichtet.
Nun scheinen die jungen Leute
den Gemeinden wegzulaufen,
weil sie den genau entgegengesetzten Weg einschlagen.**

ter allen Umständen versuchen, die jungen Leute in die Kirche hineinzubekommen. Wir müssen ihnen Raum geben.

Wenn ich in Kalifornien wäre, würde ich natürlich mit meiner Bibel in der Hand an den Strand gehen und versuchen, mit diesen jungen Leuten Kontakt aufzunehmen, sie zu lieben und zu ihnen zu predigen. Ich werde immer versuchen, mit der Jesus-Bewegung in Kontakt zu bleiben.«

Richard Hogue ist stilvoll gekleidet, in schwarzem Schildkrötenleder, passenden Jacken und auffallend leuchtenden Hemden. Er bewegt sich instinktiv im rhythmischen Strom der Jugendkultur. Das ist sein Stil, und manche werden sagen: »Nun gut, das ist der Grund, warum er die jungen Leute erreicht!«

Aber James Robinson aus Hurst in Texas, ein anderer junger Evangelist, 27 Jahre alt, ist ganz anders: Sein Haar und seine Koteletten sind kurz. Er predigt das Gericht Gottes, in einer sehr konventionellen Sprache und Musik. Und doch hat er einen phänomenalen Erfolg unter den Oberschülern.

»Ich tue nichts anderes, als daß ich sie liebe«, sagt er. »Sie spüren das. Der Ausbruch der Drogensucht ist nur ein Signal, nur die Spitze eines Eisbergs, sie deutet an, welch eine Leere und welch einen Hunger die jungen Leute im Herzen haben. Sie versuchen es mit Trips, obwohl sie wissen, daß Drogen gefährlich sind. Es ist ihnen aber gleichgültig, ob sie leben oder sterben. Denn sie haben irgendwann den Punkt erreicht, wo sie alles ausprobiert haben. Sie sind dann am Ende ihrer Straße.

Überall fanden wir diese jungen Leute in derselben Situation, in der auch der verlorene Sohn war.

Wenn sie sich dann umdrehen und nach Hause kommen wollen, sind sie empfänglich für alles, was ihnen das

Leben verspricht. Zu oft allerdings schauen sie sich in den Kirchen um und stellen dann fest, daß dort nichts geschieht. Wenn aber jemand kommt, der Jesus wirklich von Herzen liebt, dann gibt es kein Halten.«

Die Versammlungen, auf denen Robinson spricht, sind meistens auf eine ganze Stadt ausgedehnt. Er bevorzugt große Stadien. Denn dort können die jungen Leute ohne weitere Verpflichtung hineingehen, sich irgendwo hinsetzen und zuhören. Robinson betont, daß ihm solche Veranstaltung in Verbindung mit einer Gemeinde lieber sind, aber er sieht häufig keine Möglichkeiten dafür.

»Keine der großen geistlichen Bewegungen hat jemals in den Kirchen angefangen«, betont er. »Ich wollte, es wäre anders, denn ich glaube, Bewegungen innerhalb der Kirche wären von größerer Dauer. Die Gemeinde ist nur noch ein Ort des Gottesdienstes, aber nicht mehr das Leben selbst. Häufig wird die Gemeinde selbst zu einer Art Gott, und die Mitglieder versuchen nur noch, ein möglichst gutes Programm abzuwickeln. Es scheint sehr hart zu sein für die Gemeinden, sich selbst als eine Art Götze aufzugeben.«

Robinsons häufige Predigten über die Hölle scheinen genau das Gegenteil der Jesus-Bewegung zu sein, die immer wieder sagt: »Jesus liebt dich!« Trotzdem geben die jungen Leute auf seine Predigten eine ähnlich emotionale Antwort.

»Ich predige Gericht und Liebe«, sagt Robinson. »Wenn in Johannes 3, 16 steht: ›Denn so sehr hat Gott die Welt geliebt, daß er seinen Einziggeborenen hingab, damit jeder, der an ihn glaubt, nicht umkomme, sondern ewiges Leben habe‹, so kann ich nicht predigen, ohne vom Umkommen und von der Verdammnis zu reden. Gott hat diese Worte dort hingesetzt. Man darf an den Methoden Jesu nichts ändern. Jesus hat Him-

mel und Hölle gepredigt. Ich will den Leuten dadurch keine Angst machen. Es gibt heute überhaupt nur wenige Menschen, die Angst vor der Hölle haben. Aber ich predige es, weil es Tatsache ist und weil es Gottes Wahrheit ist.«

Wie die meisten Propheten der gegenwärtigen Erweckungsbewegung glaubt Robinson, daß das Ende der Welt nahe ist. »Ich glaube, daß die Zeit zu Ende geht und Jesus bald wiederkommt. Natürlich, alle geistlichen Erweckungen haben das gesagt. Paulus hat so gepredigt, Billy Graham hat es getan. Aber ich glaube wirklich, daß es so ist.«

Daher sagt Robinson eine große Zeit der Evangelisation voraus. Seine Erfahrungen scheinen das zu bestätigen. Vor kurzer Zeit mußten bei einer seiner Veranstaltungen in Pensacola 3 000 Leute an einem Abend wieder gehen, weil sie einfach keinen Platz mehr fanden.

Dieser »Erweckungsumtrieb« erschien manchen zunächst als eine falsche Fährte. Aber wer hätte geahnt, als damals, im Jahr 1969, die Drogen die Mittel- und Oberschulen beherrschten, daß eine ganz konservative Erweckung diese jungen Leute auf einen Jesus-Trip bringen würde! Es wurden auch Erwachsene erfaßt, aber offensichtlich machte die Jugend »das Rennen«.

In einer Gemeinde in Kentucky besuchten wir einmal eine normale Evangelisationsversammlung. Sie schlug schnell in eine ganz spontane Aktion der jungen Leute um und ging einfach sechs Wochen weiter.

Eine Gemeinde in einem wohlhabenden Vorort von San Antonio feierte Ostern ein denkwürdiges Jubiläum. Seit 12 Monaten hatten sie ständige Evangelisationsversammlungen. Das ganze hatte mit einer Evangelisation Bob Harringtons angefangen. Er bemühte sich besonders um einen Nachtklub. Die Eigentümer des Nachtklubs bekehrten sich und schlossen ihr Haus. In diesem Jahr hat eine Gruppe aus dieser Gemeinde das Haus wieder eröffnet und bezeichnet es jetzt als »Jesus-Nachtklub«.

Rasch füllten ihn die jungen Hippies von San Antonio. Viele von ihnen lernten Jesus kennen. Jetzt soll dort ein Radiosender eröffnet werden, der speziell von der Jesus-Bewegung berichten soll. Dieses Haus scheint ein Zentrum der Jesus-Bewegung zu werden.

»Wir erlebten eine wirkliche Heimsuchung durch den Herrn«, sagt der Pastor dieser Gemeinde. »Jesus hat das Regiment übernommen. In einem unserer Jugendgottesdienste fingen die jungen Leute am Morgen an zu beten und hörten erst zwei Stunden später wieder auf, als der Hauptgottesdienst begann. Dieser Gottesdienst war dann ein richtiges ›geistliches Spektakulum‹.«

Heute sind die Kirchen auf soziale Aktionen ausgerichtet. Das ist zum Teil eine Antwort auf den Zorn der jungen Leute, die »Gerechtigkeit« auf ihre Fahnen schrieben. Nun scheinen die jungen Leute den Gemeinden wegzulaufen, weil sie den genau entgegengesetzten Weg einschlagen.

Sie rufen nach dem guten Alten, nach Religion, nach Gefühl, nach Erfahrungen, nach geistlichem Bewußtsein, nach Heiterkeit und einer offenen, die Seele bewegenden Art der Selbstdarstellung.

Manche Gemeinden stolpern zwischen diesen beiden Richtungen hin und her. Sie sind völlig verwirrt und fragen sich, welchen Tendenzen sie heute noch vertrauen können.

Hogue, eine Art Hippie-Ausgabe von Johannes dem Täufer, arbeitet für die Jesus-Bewegung im Mittleren Westen. Er bemüht sich darum, daß die Gemeinden die Bewegung nicht nur akzeptieren, sondern auch kulti-

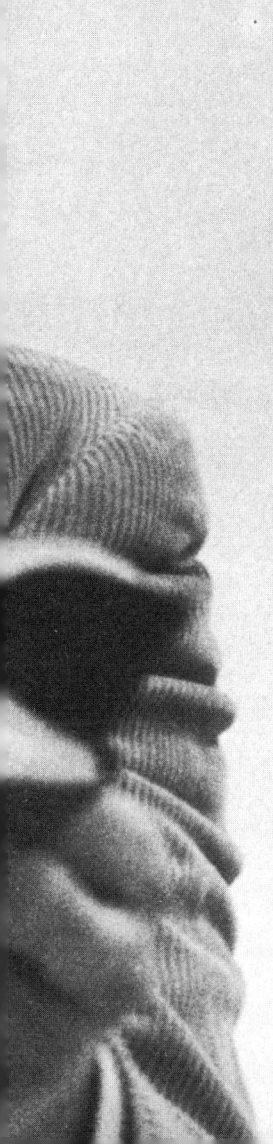

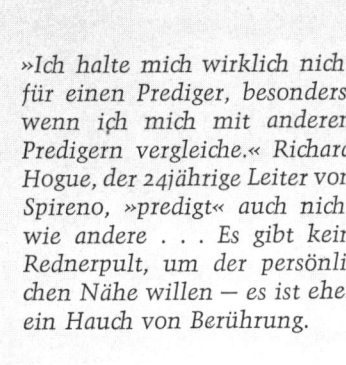

»Ich halte mich wirklich nicht
für einen Prediger, besonders,
wenn ich mich mit anderen
Predigern vergleiche.« Richard
Hogue, der 24jährige Leiter von
Spireno, »predigt« auch nicht
wie andere . . . Es gibt kein
Rednerpult, um der persönlichen Nähe willen — es ist eher
ein Hauch von Berührung.

vieren, sie mit der rechten Lehre versehen und zur Reife führen.

»Ich denke, daß beide, die jungen Leute und die Gemeinden, einander etwas zu geben haben«, sagt Hogue.

Es klingt etwas eigenartig, wenn ein 24jähriger, »elektrisierender« Evangelist den Gemeinden sagt, sie sollten ihr Geld vor allem für Evangelisationen ausgeben. Aber Hogue erklärt das folgendermaßen: »Die Gemeinde muß die Evangelisation als ihr finanzielles Hauptinteresse an die erste Stelle setzen. Vielleicht muß sie dafür einiges aufgeben an Komfort in ihren Kirchen und Gemeindehäusern.«

Hogue glaubt offensichtlich, daß eine Evangelisation unterhaltend und attraktiv gestaltet sein soll, in der Botschaft dagegen ganz solide und konservativ. »Heute stehen wir im Wettstreit mit Fernsehen, Film und der Drogenszene. Wenn wir erwarten, daß die Verlorenen kommen, um uns zu hören, müssen wir ihnen auch das geben, was sie erwarten. Die Athleten oder die großen Stars ziehen die jungen Leute nicht an. Das macht die Musik. Selbst der berühmteste Schauspieler würde keine jungen Leute anziehen, wenn er sich auf einen Lastwagen an die Küste stellte und etwas über Jesus erzählte. Unterhaltungsprogramme gehören einfach dazu«, meint Hogue. »Wenn bei unseren normalen Veranstaltungen die jungen Leute immer auf den letzten Bänken sitzen, dann wohl deshalb, weil vorne nichts Aufregendes geschieht.«

Spireno ist ein Happening für Oberschüler. Sie kommen, wie sie sind, vielleicht, um sich zu amüsieren, oder, weil sie sich mit Hogue identifizieren können. Denn er ist einer von ihnen.

Asbury, ein Jahr später

**Es geschah an einem kalten Februarmorgen,
packte die Studenten und schüttelte sie.
Es ließ sie erstaunt zurück, verwundert über das,
was so plötzlich über den Campus kam.**

Frank Ashley

Als der Bus in Richtung Cincinnati den Hügel hinunterfuhr, schaute die hübsche Studentin des Asbury-College nicht länger zum Fenster hinaus, sondern schlug ihr Neues Testament auf. Sie machte einen stillen, in sich gekehrten Eindruck, aber in ihr brodelte es immer noch von den Erfahrungen der achttägigen Erweckung — 185 Stunden Non-stop-Programm der jungen Leute, mit Zeugnissen, Bekenntnissen, Gebeten, Lob und Feier. Während der Bus immer weiter fuhr, las sie in ihrem Neuen Testament, um die Erfahrungen, die noch ganz lebendig in ihr waren, weiter zu entwickeln.

Ein Mann, der neben ihr saß, schaute ihr einige Kilometer lang still zu. Dann wandte er sich an sie und sagte: »Darf ich fragen, warum Sie das lesen?« Es war, als ob man das Wehr einer Schleuse hochzog. Sie wandte sich ihm zu, und es sprudelte nur so aus ihr heraus, was sie gesehen und erlebt hatte. Der Mann bat sie, den Platz zu wechseln, damit sein Freund auf der anderen Seite des Ganges sie auch hören konnte. Dann fuhr sie fort, sie sprach schnell

und konzentriert. Eine Frau auf der anderen Seite des Ganges drehte sich zu ihr um und lehnte sich über den Sitz, um besser zu hören. Ein älterer Mann, der weiter vorn im Bus saß, bat das Mädchen, lauter zu sprechen.

Der Bus fuhr immer weiter. Köpfe drehten sich herum, manche veränderten ihre Stellung, irgend jemand stand auf, und als die Versammlung immer größer wurde, stellte sich das Mädchen in den Gang. Schließlich arbeitete sie sich nach vorn, so daß sie den ganzen Bus sehen konnte. Als der Bus dann am Bahnhof in Cincinnati anhielt, wartete der Fahrer noch eine Weile, bevor er die Tür öffnete, und fragte dann, ob sie noch irgend etwas sagen wollte. Sie antwortete: »Alles, was ich sagen möchte, ist Halleluja!«

»Wenige Minuten erst ist es her, als eine spontane Bewegung des Heiligen Geistes begann«, so steht es im Tagebuch von Jeff Blake, einem Studenten des kleinen Asbury-College am 3. Februar 1970, am Beginn der großen Erweckung von Asbury. »Ich

habe noch niemals vorher eine solch mächtige Ausgießung des Heiligen Geistes erlebt. Die Szene ist unglaublich.«

Der Marathon-Gottesdienst begann spontan an einem kalten Dienstagmorgen, als der Leiter der Versammlung das Programm eröffnete, indem er bat, daß diejenigen, die ein Zeugnis oder einen Kommentar geben wollten, nach vorn kommen sollten.

»Nach einer kurzen Pause ging es los. Die Studenten erhoben sich von ihren Plätzen, reihten sich an den Wänden entlang auf, um vor dem Mikrophon ihr Zeugnis zu sagen. Ja, und als es begann, da brachen alle Dämme, und es ging weiter und weiter. Es wollte einfach kein Ende nehmen.«

So rollte die Erweckungsversammlung 185 Stunden lang. Tausende von Studenten und Besuchern knieten an dem langen Altar in der großen Hugheshalle nieder. Viele von ihnen standen dann auf, um zu bekennen, daß sie ihren Lebensstil ändern wollten und ein neues Leben gefunden hätten.

Viele Neugierige und skeptische

Reporter beobachteten die ganze Szene. Zuerst suchten sie nach dem Jux an dieser Begebenheit, dann aber schrieben sie lange, ernsthafte Berichte, Berichte von dem seltsamen religiösen Happening in der kleinen Stadt Wilmore. Dieses Happening, das auf einem Collegegelände entstanden war, eroberte die Nachrichtenseiten und die Schlagzeilen.

Als das College wieder zu normalen Unterrichtsformen zurückkehrte, kamen mehrere Tausend Anfragen von Gemeinden, Jugendlagern und Schulen aus allen Teilen der USA, ob nicht Studenten, die die Erweckung erlebt hatten, zu ihnen kommen könnten, um ihre Erfahrungen mitzuteilen. Die Asbury-Studenten reagierten darauf, und so entstanden viele andere Erweckungen in Universitäten und Colleges, inzwischen an mehr als 130 Orten. In Ergänzung dazu waren mehrere hundert Teams mit Asbury-Studenten unterwegs, um von der Erweckung in Asbury zu berichten. Sie besuchten zwanzig verschiedene Staaten in vier Kontinenten.

Wir wollen von einer der Erweckungen berichten, die durch Asbury ausgelöst wurde. Im theologischen Seminar der »South Western Baptist« in Fort Worth gab es seit zwei Jahren eine intensive Erwartung auf den Ausbruch einer Erweckung. Die großen Erwartungen waren immer wieder in sich zusammengebrochen. Aber es gab eine wachsende Zahl von Gebetskreisen und persönlichen Berichten über erfahrene Erneuerungen. Im Frühling 1970 kamen dann die Neuigkeiten über die Erweckung in Asbury. »Daß Gott eine solch große Tat an einem anderen Ort gewirkt hatte, reizte nur noch unsere Erwartungen, ließ uns mutiger werden, den Horizont abzusuchen nach dem bestimmten Auftrag, den Gott für uns hatte. Die Gebete nahmen zu und wurden immer intensiver.«

Drei Studenten aus Asbury wurden eingeladen, zu kommen und von ihren Erfahrungen zu berichten. Sie nahmen die Einladung auch sofort an. Am Freitag, dem 13. März, verbreitete sich wie ein Lauffeuer die Nachricht, daß die Studenten aus Asbury am Wochenende kommen würden. Am Samstagnachmittag entschlossen sich einige Studenten, selbst die Initiative zu ergreifen. Gegen 21.00 Uhr waren etwa 30 Studenten zusammen. Ein Student stand auf und erzählte von der Sehnsucht nach einer Erweckung auf dem Gelände ihres Seminares. Bereits in diesem Augenblick herrschte eine Atmosphäre der Freiheit und des Ungezwungenseins, die alles bestimmte. Die Studenten sangen, lasen in der Bibel, und dann brach der Bann. Zeugnisse, Bekenntnisse und herzbewegende Gebete brachen sich Bahn. Es kamen immer mehr Studenten dazu.

Um 23.00 Uhr tauchten plötzlich neue Gesichter auf. Die drei Asbury-Studenten waren gekommen. »Man sagte uns, daß es hier eine Gebetsversammlung gäbe, und so kamen wir gleich hierher. Aber es herrscht bei euch ja eine solche Atmosphäre, daß wir gleich wieder nach Asbury zurückgehen könnten. Der Herr ist schon hier . . .«

Am Montagnachmittag war die Kirche angefüllt mit 200 Studenten. Jeder der drei Besucher aus Asbury gab einen kurzen Bericht über seine eigenen Erlebnisse bei den Ereignissen in Asbury. Sie setzten sich wieder, ohne ein Wort der Einladung oder eine direkte Aufforderung zu sagen. Es gab eine lange, peinliche Pause der allgemeinen Verwirrung. Dann stand ein junger Prediger auf und sagte zögernd und unsicher, daß er für sich eine persönliche Erneuerung brauche. Und dann kam ein anderer und noch ein weiterer, und so fort, Prediger, Studenten, Ehefrauen, Lehrer — Bekenntnisse von Sünden,

schmerzhafte und demütige Bitten um Vergebung, ernsthafte Bitten um Gebetshilfe. Die Versammlung ging bis weit in die Nacht und setzte sich dann in den Häusern und in den Schlafräumen der Studenten fort.

Die Zusammenkünfte mit den Studenten aus Asbury gingen eine ganze Woche weiter. Jetzt breitete sich der Enthusiasmus immer mehr aus.

Ein Professor des Seminars schreibt: »Die tiefe Bewegung des geisterfüllten Lebens wirkt sich bisher auf 200 bis 300 Studenten aus. Andere hören davon, aber nehmen noch nicht richtig auf, was geschieht. Andere stehen so mittendrin, daß sie nicht wissen, welcher Tag der Woche es ist. Wir kennen hier kein Zungenreden und auch keine emotionalen Ekstasen, aber eine stille Freude, die das Leben von Leuten erfüllt, die vorher ganz verzweifelt herumgelaufen sind.«

Als wir ein Jahr nach der Erwekkung auf das stille, ländliche Universitätsgelände kommen, ist die Erweckung bereits Geschichte. Im ersten Augenblick ist die einzige Erinnerung die herrliche Hugheshalle selbst und ein einsamer Student in einem saloppen Jackett und einem sackartigen Sweater, der auf einem der 1 500 Stühle sitzt und in einer Paperbackausgabe des Neuen Testaments liest. Wir unterhalten uns mit ihm.

Er war an jenem Tag nicht zur morgendlichen Versammlung gewesen, aber dann in den Gottesdienst gekommen, als um 11.00 Uhr niemand zum Unterricht erschien. »Die Erweckung hatte hier eine ungeheure Auswirkung«, sagt er. »Ich schätze, daß etwa die Hälfte der Studenten, die dabeigewesen sind, heute noch spüren, daß eine Veränderung in ihrem Leben eingetreten ist. Auf mich hat es sicher einen bleibenden Einfluß gehabt. Ich war damals gerade dabei, alles Religiöse beiseite zu werfen,

»Ich dachte, das ist nur so eine Welle der Begeisterung. Aber jetzt glaube ich, daß ich vorher kein richtiger Christ gewesen bin.«

weil ich den Eindruck hatte, daß die Religion uns jungen Leuten nichts bieten konnte. Vorher hatte ich geplant, meinen Doktor in Chemie zu machen und mir einen hochdotierten Job in der Industrie zu suchen. Alles das hat sich nun geändert«, sagt er lächelnd, »und ich glaube, zum besseren.«

»Ich stand der ganzen Sache zuerst sehr skeptisch gegenüber«, erinnert sich ein anderer Student. »Ich dachte, das ist nur so eine Welle der Begeisterung. Aber jetzt glaube ich, daß ich vorher kein richtiger Christ gewesen bin.«

Ein solches Gespräch über tiefe religiöse Gefühle entsteht sehr leicht unter den 980 Studenten von Asbury und den 400 Studenten des Theologischen Seminars, das nur auf der anderen Straßenseite gelegen ist. Denn fast alle Studenten kommen aus religiösen Familien, die zumeist langjährige Bindungen an die Schule hatten.

»Die Erweckung hat uns eine Menge von neuen Kontakten gebracht«, kommentiert Y. D. Westerfield, der für die Beschaffung der Finanzen in Asbury verantwortlich ist. »Leute, die nur ganz wenig Interesse an Asbury zeigten, möchten jetzt mehr über die Schule und ihre Entwicklung erfahren.« Seit dem neuen Aufbruch in Asbury reiste Westerfield in 25 Staaten der USA, um Finanzen für das College zu besorgen. Er sagt, daß die Leute immer mehr über die Erweckung erfahren wollten.

Wer Asbury so wie wir ein Jahr nach dem großen Ereignis besucht, wird feststellen, daß die berühmte Woche im Februar 1970 immer noch Hauptgegenstand der Diskussionen ist. Aber der Enthusiasmus für die Erweckung wird nicht von allen geteilt. Während unserer Interviews erfahren wir auch zögernd von der anderen Seite.

»Yeah, ich habe an der Erweckung

teilgenommen, und es sind auch einige gute Dinge passiert«, kommentiert ein früherer Student von Asbury, der wegen seiner langen Haare von der Schule verwiesen wurde, die Ereignisse. »Ich hatte das Gefühl, daß etwas Wahres und Echtes dabei war. Nur ist seit der Zeit einiges passiert, was mich von der Sache abgebracht hat. Eines Tages wurden zum Beispiel die Studenten aufgefordert, ihre Haare schneiden zu lassen, weil ein wichtiger Spender und Förderer des Colleges kam. Ich wollte meine Haare dafür nicht abschneiden lassen und flog von der Schule.«

Wenn dieser Student seine Freunde besucht, versammeln sie sich — wie sie lächelnd sagen — auf der linken Seite der Cafeteria. Auf der rechten Seite treffen sich vorwiegend die konservativen Studenten. Dieser Kreis auf der linken Seite der Cafeteria sagt, daß die meisten Studenten sehr ernsthaft an der Erweckung interessiert waren. Sie waren aber nicht damit einverstanden, daß das College aus dieser Erweckung nach ihrer Meinung Kapital in der Öffentlichkeit geschlagen hat, vor allem, um die finanziellen Mittel für den Unterhalt der Schule zusammenzubringen.

Ein 19jähriges Mädchen, das erst in Asbury angefangen hat, meint dazu: »Als ich hierher kam, war das einzige, worüber man sprach: Erweckung, Erweckung und nochmals Erweckung. Ich hatte das Wort dauernd in meinen Ohren. Aber ich muß sagen, daß es hier eine einheitliche Ernsthaftigkeit im Verhältnis zu Jesus gibt und eine Gemeinschaft unter den jungen Leuten, wie man sie sonst nirgends findet.«

»Aber diese Schule fördert einen Lebensstil, der den rechtsradikalen Rassisten entspricht«, kritisiert ein früherer Student. »Man gibt hier den Studenten nicht die Freiheit, ihre eigenen Entscheidungen zu treffen oder ihren eigenen Lebensstil zu ent-

wickeln.« So stimmen viele Studenten nicht mit den Gesetzen des College überein, wenn sie auch nichts sagen, mit dem Verbot von langen Haaren und Bärten, der Bettruhe um 23.00 Uhr, dem absoluten Rauchverbot auf dem Campus u. a.

Der Präsident von Asbury, Kinlaw, nennt diese Regeln traditionell. Er betont aber, daß diese Gesetze in den letzten Jahren nach und nach gelockert worden sind, um mit dem veränderten Lebensstil Schritt zu halten. Kinlaw betrachtet die Erweckung als eine wichtige, wenn nicht die wichtigste Begebenheit in der Geschichte von Asbury.

Manche bringen die Ereignisse von Asbury mit der Jesus-Bewegung in Verbindung und halten sie für einen Vorläufer der heutigen Jesus-Revolution.

»Die Erweckung ist immer noch lebendig«, sagt Kinlaw mit besonderer Betonung. »Sie breitet sich an manchen Plätzen immer noch aus. Sie ist sicher auch noch hier in Asbury lebendig. Sie prägt mich selbst und hat mir geholfen, meine Aufgaben in diesem Jahr viel leichter zu erfüllen. Es gibt einen Geist der Gemeinschaft unter uns und den Geist einer gemeinsamen Mission. Ich wünsche mir, so etwas geschähe jedes Jahr.«

Wir interviewten Leute auf der Hauptstraße von Wilmore und in den Geschäften und Restaurants. Sie erinnern sich alle an die große Erweckung und geben gern zu, daß es ein historisches Datum für ihre Stadt gewesen ist.

»Ich habe noch nie etwas Stärkeres erlebt, das muß ich sagen«, meint eine Kellnerin im besten Restaurant von Wilmore.

»Und es geht immer noch weiter«, meint ein Gast. »Es hat eine Veränderung im Leben dieser jungen Leute gegeben. Das kann man richtig fühlen.«

Was bleibt?

Horche gespannt in die Stille!
Hörst du das Echo der Jesusrufe widerhallen?

Toby Druin

**Die jungen Leute kamen und kamen,
bis es schließlich mehr als 20 000 waren.
Nur wenige hatten an diesen Erfolg geglaubt.
Sie nannten es ein »Wunder Gottes«.**

Normalerweise jubeln die Besucher im ovalen Rund des Greensboro Coliseums den Athleten bei Zirkusvorstellungen oder ähnlichen Veranstaltungen zu, die in der 16 000 Personen fassenden Arena stattfinden. Kommt man heute an einem der seltenen freien Tage in die Arena, bei leeren Plätzen und gedämpftem Licht, kann man sich etwas anderes vorstellen — den Klang von vielen tausend Freudenrufen für Jesus, der mächtig aus der Kuppel zurückschallt.

20 000 junge Leute aus ganz North-Carolina waren an einem kalten Februarabend zusammengekommen. Sie durchbrachen fast das Dach der Halle mit ihren Jesus-Freudenschreien. Die Endkämpfe des nächsten Basketballturniers werden vielleicht ein noch lauteres Echo haben, aber eigentlich kann ich mir das kaum vorstellen. Sicher können sie nicht die Erinnerung an den durchdringenden, eindringlichen Ruf auslöschen, der an diesem Februarabend bei der Jugendevangelisation so viele junge Leute anzog.

Das war der Höhepunkt der 25. Evangelisationskonferenz für den ganzen Staat North-Carolina. Früher war diese Konferenz immer in der kleineren Nebenhalle abgehalten worden, die etwa 2 000 Personen faßt. Dieses Jahr erwartete man Größeres. So mietete man die große Arena. Und die jungen Leute kamen und kamen, bis es schließlich mehr als 20 000 waren. Nur wenige hatten an diesen Erfolg geglaubt. Sie nannten es ein »Wunder Gottes«.

Ein kalter Tag brach über North-Carolina herein. Die Temperaturen sanken bis auf -15 Grad. Aber es war klar, und die Sonne schien. Gegen Abend konnte man glauben, daß alle Straßen nach Greensboro führten. Bereits eine Stunde vor Programmbeginn war die Arena zur Hälfte ge-füllt. Statt der erwarteten 2 500 Chorsänger waren 4 000 da.

Um 19.00 Uhr war die Halle überfüllt. Außerdem waren alle Gänge zum Bersten voll. Auch im kleineren Nebensaal konnte man keinen freien Platz mehr finden. Der Verkehr war schon zwei Kilometer vor der Halle zum Erliegen gekommen. Niemand weiß, wie viele junge Leute umdrehen mußten, weil sie keinen Platz mehr fanden. Sicher waren es Hunderte, vielleicht sogar Tausende.

Das Programm dauerte zwei Stunden. Der große Chor mit seinen 4 000 Sängern wechselte zwischen den Hallen hin und her. Bill Glass, ein früherer Fußballstar, predigte eine halbe Stunde, immer wieder unterbrochen von Jesus-Freudenschreien. Nach einer weiteren Ansprache wurde zur Entscheidung für Jesus aufgefordert. Die Prediger der umliegenden Gemeinden hatten 200 Mitarbeiter als Seelsorgehelfer vorbereitet. Sie hatten jedoch keine Chance. Denn es drängten so viele junge Leute nach vorn, daß alles hoffnungslos verstopft war.

Viele junge Leute hoben ihre Arme hoch, mit der einen Hand machten sie das Zeichen für Sieg (Victory), mit der anderen das Zeichen der Jesus-Bewegung (One Way). Weil die Seelsorgehelfer mit der Menge nicht zurechtkommen konnten, teilte man schließlich Karten aus, damit ein späterer Kontakt zu denen, die sich gemeldet hatten, möglich war. Es wurden mehr als 1 500 solcher Karten abgegeben. Wahrscheinlich wären es noch wesentlich mehr gewesen, wenn nicht ein solches Gedränge geherrscht hätte.

Die Erinnerungen an jene Nacht blieben. Die Jugendevangelisation war bisher die größte Versammlung, die jemals in dieser Arena stattgefunden hatte. Aber hatte diese Zusammenkunft wirklich eine feststellbare Auswirkung auf North-Carolina? Hat der Einfluß dieses bewegten Abends den Staat infiziert?

Die Ansichten darüber sind recht unterschiedlich. Manche meinen, daß es wahrscheinlich schwierig sein wird, den Einfluß eines solchen Abends überhaupt zu beurteilen. Aber es sind große Hoffnungen vorhanden.

Eine Woche vor der Jugendversammlung in Greensboro hatte eine ähnliche Zusammenkunft in Nashville stattgefunden, zu der 12 000 junge Leute zusammengekommen waren. Kenneth Chafin, der Leiter dieser Veranstaltung, sagte zu seinen jugendlichen Zuhörern: »Ich bin sehr gespannt, was geschehen wird, wenn wir wieder nach Hause kommen. Wir haben oft Schwierigkeiten, das, was bei einer großen Konferenz geschieht, in unsere Situation zu Hause umzusetzen. Wir versuchen meistens, alles auf einmal zu tun, was Gott von uns verlangt, anstatt zunächst herauszufinden, wie der nächste Schritt aussehen sollte.«

Andere Beobachter solcher Ereig-nisse sind sehr zurückhaltend im Lob dieser Massenversammlungen. In Kalifornien kam eine überraschend große Zahl von 3 000 Schülern und Studenten zu einer »Life now«-Veranstaltung. Das Programm wurde sehr stark durch die Musik geprägt, eingeschlossen eine Aufführung des neuen Folk-Musicals »Life now«. Einen großen Raum nahmen Gruppendiskussionen ein. Predigten spielten eine untergeordnete Rolle. Immer wieder erreichten die Jesus-Rufe eine Lautstärke, die anfing, wehzutun.

Wohin führt der Weg der begeisterten Zuhörer nachher? Wie lange können sie so »high« bleiben? Die Versammlungen dauern nur eine bestimmte Zeit. Was dann . . .?

Ein Pastor, der bei diesem Festival dabei war, kehrte bedrückt heim.

»Das war eine schmissige ›Jesus-Rally‹«, sagte er und schüttelte den Kopf. »Wenn man es positiv sehen wollte, könnte man sagen, daß dort mehr junge Leute in großer Ernsthaftigkeit zusammen waren, als je zuvor. Aber die Bewegung wird radikal, und ich fürchte, das ist erst der Anfang. Aber ihre Überheblichkeit alarmiert mich. Ich fragte eines der Mädchen nach anderen Dingen, die zum Evangelium gehören. Ich fragte sie, wie sie über die Umweltverschmutzung, über die rassistische Ungerechtigkeit und über die Armut in der Welt denkt. Und sie antwortete völlig unreflektiert: ›O ja, das alles ist schlecht. Aber die wichtigste Sache ist, Jesus zu lieben. Seitdem ich Jesus angenommen habe, ist alles wunderbar.‹ Auf der einen Seite ist das eine tolle Haltung, aber muß man sich nicht doch auch darüber klar werden, daß es noch tiefere Inhalte des Glaubens gibt?«

In Texas gab es eine »Frieden-durch-Christus«-Rally, die 13 500 junge Leute anzog. Diese Rally besaß große Ähnlichkeit mit dem oben geschilderten geistgewirkten Enthusiasmus, der Begeisterung und einer unermeßlichen Jesus-Anbetung. Bürgerlich angezogene junge Leute marschierten lächelnd unter einem Banner mit der Aufschrift »Frieden Christi«. Die jungen Leute bevölkerten die Hauptstraße. Es war ein Zug von 400 m Länge. Sie marschierten ordentlich in Reih und Glied und trugen selbstgeschriebene Plakate: »Begeistere dich für Jesus!«, »Werde high durch Jesus!« und »Jesus ist Wirklichkeit«.

Den Marsch veranlaßte den Polizeichef dieser Stadt, die Jesus-Demonstration als die beste zu bezeichnen, die er seit Jahren erlebt hat.

»Sie war so amerikanisch wie ›Ham and Eggs‹. Wenn die Welt auf dem Weg in die Hölle ist«, sagte ein alter Offizier, »dann können diese jungen

**Wohin führt der Weg nachher?
Wie lange können sie so »high« bleiben?
Die Versammlungen dauern nur eine bestimmte Zeit.
Was dann . . .?**

Leute einige Zeichen in der Gegenrichtung aufrichten.

Ein anderer Beobachter war skeptischer. »Ich bin begeistert davon, daß eine solche Zahl von jungen Leuten von Jesus gepackt ist. Aber ich mache mir Gedanken darüber, ob wir sie nicht dort abholen müssen, wo sie jetzt stehen, um sie so auszurüsten, damit sie in unserer Welt leben können. Im Augenblick ist alles in Ordnung. Aber was werden sie einmal tun, wenn alles vorbei ist? Wie lange können sie so high bleiben? Wie sieht der nächste Schritt aus?«

Der nächste Schritt für einige junge Leute, die in North-Carolina an der Massenversammlung in der großen Arena teilgenommen hatten, bestand darin, sich mehr an den Programmen der örtlichen Gemeinden zu engagieren. Einer der Pastoren sagte: »Vor der Jugendevangelisation kamen unsere jungen Leute zwar zur Gemein-

de, aber sie arbeiteten nicht mit. Viele unserer Gruppen fanden zu einer ganz neuen Hingabe an den Dienst für Jesus. Diese Hingabe ist echt. Sie erzählen ihren Mitstudenten von ihrer Liebe zu Jesus. Sie bringen ihre Freunde in die Gottesdienste mit. Sie bringen ihre Eltern mit. Denn wenn der Sohn oder die Tochter etwas Bedeutungsvolles erlebt haben, möchten es zumeist auch die Eltern kennenlernen.«

In einer anderen Gemeinde forderte der Pastor die jungen Leute auf, ihre Erfahrungen der Gemeinde mitzuteilen. Aber er bat die Jugendlichen, so knapp zu berichten, daß die Zeit für die Predigt nicht beschnitten würde. »Mit der Predigt wurde es nichts«, berichtet der Pastor. »Aber die Gemeinde bekam mehr als eine Predigt. Dieser Abend war eine Herausforderung an alle die evangelistischen Programme, welche die Gemeinde geplant hatte.«

In einer weiteren Gemeinde hatte

die Hälfte derjenigen, die nach Greensboro gefahren waren, eine Entscheidung für Jesus getroffen. »Ich hatte den Eindruck, daß einige von ihnen ganz echt bewegt waren. Nur wenige schienen massenpsychologisch beeinflußt«, sagte der Pastor. Er hat in der Gruppe keine auffallenden Auswirkungen seit jenem Abend festgestellt. Für einige war die Antwort dort auf die Einladung, mit Jesus zu leben, nur ein neuer Schritt in ihrer geistlichen Entwicklung.

Ein Jugendleiter aus einer Gemeinde im Westen Carolinas hatte zunächst keine große Resonanz unter seinen Leuten bemerkt. Sie seien allerdings beeindruckt worden, meint er, und sie wurden ermutigt, tiefer in geistliche Fragen einzudringen. Die jungen Leute treffen sich jetzt regelmäßig in seinem Büro zu Gebetszeiten. Der Jugendchor dieser Gemeinde hat bei seinen letzten Veranstaltungen 400 Entscheidungen für Jesus erlebt.

»Es war seit meiner Bekehrung der inspirierendste Abend, den ich je erlebt habe«, sagt ein junger Mann. »Niemand kann die Spannung fühlen, die durch meinen Körper ging. Ich hatte das Gefühl, als wenn ich Gott erreichen und berühren könnte.« »Es war eine geistliche Dichte spürbar«, ergänzte ein anderer, »die man überall in der Arena fühlen konnte. Ich bin sicher, daß jeder, der anwesend war, die Gegenwart des Heiligen Geistes spürte. Ich hoffe und bete, daß dies der Anfang einer größeren Erweckung bei uns ist.«

Ein Pastor betont, daß seine jungen Leute an jenem Abend eine große Ermutigung erfuhren. »Es war das erste Mal«, sagte er, »daß die Jugendlichen meiner Gemeinde sich selbst unter Tausenden gleichgesinnter junger Leute ihres Alters fanden, und daß sie feststellten, daß sie nicht allein waren mit ihrem Versuch, als Christen zu leben.«

Propheten des »God-Rock«

**Stell dein Radio an und laß dich überspülen!
Denn die Stauseen sind geöffnet
und der »God-Rock« ergießt sich ins Land.**

Mary-Violett Burns

JESUS IS COMING

Love Song

Die Sänger und Musiker der Bewegung mögen sich nach Aussehen und Typ unterscheiden, eines verbindet sie alle: ihre Begabung.

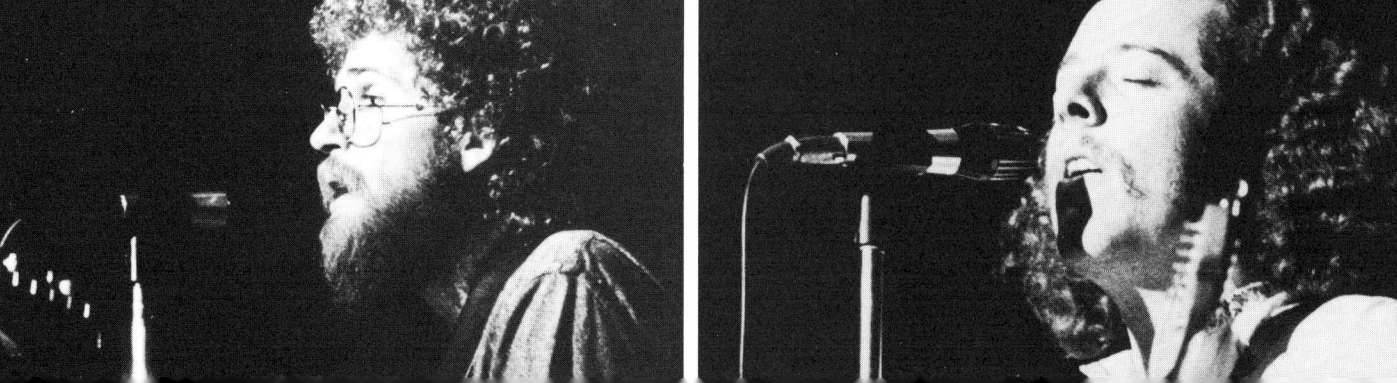

»God-Rock« packt sie — diese jungen Leute, die bis zum Rand mit Beat gefüllt sind. Das zieht sie immer wieder an. Der Rock ist professionell — er haut einfach hin, ob Gospel oder Choral.

»Hier verschmelzen zwei Musikkulturen. Die Grenze zwischen sakraler und weltlicher Musik verschwindet.«

Vor zwei Jahren legte ein Disk-Jockey in San Franzisko eine Gospel-Platte auf, mit Händeklatschen und Fußstampfen, von einer Gruppe gespielt, die damals nur Kennern bekannt war — den Edwin Hawkins Singers. In kurzer Zeit katapultierte sich »Oh Happy Day« an die Spitze der Hitparade von vierzig Radiostationen.

Ende 1970 kam der Exbeatle Georg Harrison mit seiner Single »My sweet Lord« heraus. Sie enthielt vier Gesichter, die alle dazu aufforderten, sich Gott zuzuwenden.

In London fanden zwei höchst begabte Musiker, die wie Süchtige aussahen und sehr gewagt gekleidet waren, beim Studium des Neuen Testaments, daß Jesus genau das Thema war, das heute aktuell ist, und so entstand die Rockoper »Jesus Christ Superstar«.

Es ist sicher eines der überraschendsten Phänomene unserer Zeit, daß der God-Rock plötzlich diesen Platz in der Musik junger Leute gefunden hat. Man könnte dabei zwei Gruppen unterscheiden, einmal die professionelle religiöse Musik, die von den gleichen Leuten gemacht wird wie die sonstige Popmusik, und die Musik, die speziell im christlichen Bereich geschrieben wird, um als eine Art »Hippie-Evangelium« im Tempo und im Stil des Rock das Evangelium mitzuteilen.

Der God-Rock ist eine Ergänzung der Jesus-Bewegung, die sich über das ganze Land ausbreitet. Aber er ist keine Folge der Jesus-Bewegung. »Denn den God-Rock gibt es tatsächlich bereits seit sechs Jahren«, sagt der ehemalige Disk-Jockey Bill Huie, der jetzt beim Komitee für Massenmedien der presbyterianischen Kirche arbeitet. Eine zeitlang brachte der ein spezielles Radioprogramm für Teenager heraus. »What's all abaut?« Huie war zehn Jahre lang Disk-Jockey

und gilt als Experte für die gesamte Popmusik. Die »Message-Musik« eine Art Vorgängerin des God-Rock, eine Musik, die irgendwie eine weltanschauliche Botschaft bringt, schreibt er dem Folkloresänger Bob Dylan zu.

»Dylan hat wahrscheinlich nicht nur die Beatles und andere Gruppen inspiriert, sondern auch die Politik, die Religion und den Lebensstil der ganzen Jugendkultur beeinflußt.« Anstelle des sinnlosen »She-bop, shu-bop« von 1950, einer nichtssagenden Straßenmusik, brachten Dylans Texte allgemein wichtige Themen, Einsamkeit, Leere, Verantwortung für den Nächsten zum Ausdruck. Seine Lieder waren das Vorspiel für ein Jahrfünft pessimistischer Popmusik.

»Ungefähr fünf Jahre lang war der Inhalt der Popmusik kritisch. Ihre Lieder zeigten die Sünden der Gesellschaft, wie die Propheten des Alten Testaments«, sagt Huie. »Es ist schwer zu sagen, ob diese Lieder die Gesellschaft beeinflussen oder nur ein Barometer für den Zustand der Gesellschaft darstellen. Auf jeden Fall hängt beides zusammen. Denn unser Volk wird sich immer mehr seiner sozialen Krankheiten bewußt. Es ist immer weniger bereit, Ungerechtigkeit zu dulden. Andere Medien haben den Protest aufgenommen, und wir fingen an, uns ein wenig in unserem eigenen Dreck zu wälzen. Denn der Pessimismus wurde Mode.«

Aus diesem Pessimismus begannen die Menschen nach einem Ausweg zu suchen. Das ist der Hintergrund des steilen Anstiegs des Drogenmißbrauchs und des Aufkommens östlicher Religionen.

»Andere haben nach Antworten in unserer eigenen Religion gesucht, im Christentum. Die Aussagen des God-Rock reflektieren religiöse Themen, obwohl sie manchmal stark vereinfachen. Jesus war 1970 mehrmals an der Spitze der Hitparaden. Manchmal sahen die Listen aus wie Auszüge aus

einem kirchlichen Gesangbuch.«

»Ich hörte Jesus sagen: Komm zu mir und ruh dich aus!
Leg deine Mühsal ab, leg sie ab. Laß deinen Kopf
an meiner Brust ruhen!«

»Ich ging zu Jesus, wie ich war, mühselig, wundgeschlagen und traurig.
Bei ihm habe ich Ruhe gefunden.
Er hat mich froh gemacht.«

Diese schwermütigen Lieder, gesungen von dem »Newcomer« Turley Richards, baten inständig im Namen der Hippies um die Vision einer Oase des Friedens in der Wüste emotionaler Zerrissenheit. Diese Lieder sind nicht ein Wiedererwachen kirchlichen Interesses, sondern das wachsende Gefühl der jungen Generation für einen Mann namens Jesus.

Obwohl das häufigste Thema dieser Lieder die Religion gewesen ist, gewinnen auch andere humanistische Aussagen an Wert:

Jeder Mensch muß frei sein, das zu tun, was er möchte.

Der Mensch ist mehr wert als Eigentum.

Ehrlichkeit ist die Grundlage der Menschlichkeit.

Rebelliert gegen die Ungerechtigkeit!

Feiert euer Leben!

Selbsterfüllung ist wichtiger als Arbeit.

Befreie deine Sexualität!

Finde dein wahres Ich!

Nicht alle Autoritäten stimmen mit Huie überein. Aber nach Drogen, Sex, Leere und Einsamkeit gab es kaum noch etwas, worüber man singen konnte — außer Jesus. Manche halten den Erfolg der religiösen Lieder nicht für den Erfolg einer religiösen Welle, sondern für ein Zeichen ihrer künstlerischen Qualität. »Man kann nicht nur einfach so über Jesus singen und annehmen, daß es dann schon ein Erfolg wird. Die Platte muß auch gut gemacht sein«, sagt ein be-

kannter Herausgeber eines Schallplattenmagazins.

»Mit dem God-Rock«, sagt der Soziologe Kenneth Baer, »werden wir nicht Zeugen einer neuen Form von Musik. Aber hier verschmelzen zwei Musikkulturen. Die Grenze zwischen sakraler und weltlicher Musik verschwindet.«

Ein Teil der Attraktion des God-Rock ist sicher die Einfachheit, mit der Christus dargestellt wird. Auch die Sehnsucht nach der Gemeinde der Kinderzeit, in der man groß geworden ist, schwingt mit.

»Wir leben in einer Zeit, in der Werte und Prioritäten gefragt sind«, sagt ein Experte. »Diese Fragen schließen das Religiöse ein. Die An-

nahme, daß Religion von jungen Leuten abgelehnt wird, ist falsch. Wenn sie über Jesus in einer Art und Weise hören, die ihrem Verständnis entgegenkommt, wenden sie sich nicht von ihm ab. Auch die Drogenkultur hat ihre Religiosität. Es ist nur ein schmaler Graben zwischen der Drogenreligion und unseren gebräuchlichen religiösen Formen. Die Drogenkultur glaubt an etwas, das man nicht fühlen oder berühren kann, ebenso die traditionellen Religionen. Die Menschlichkeit Jesu wird daher mit dem heute gebräuchlichen Begriff ›Superstar‹ ausgedrückt, weil junge Leute dann wissen, was gemeint ist.«

Ein 19jähriger Student sagt, daß der Erfolg des God-Rock im emotionalen Bereich liege. »Wenn wir füh-

Ganze Rock-Gruppen haben sich bekehrt und verbinden nun ihre Interpretation des God-Rock mit Zeugnissen von ihren überwältigend neuen Glaubenserfahrungen.

---

len, daß ein ›down‹ kommt, versuchen wir alles, um in unseren Gefühlen wieder ›high‹ zu werden.«

Huie drückt das so aus: »Junge Leute möchten keine Musik kaufen, sondern eine Erfahrung.«

Aber alle diese Argumente erklären noch nicht ausreichend, warum sich der God-Rock so überwältigend gut verkauft. Sie erklären nicht, warum so viele Popmusiker religiöse Musik in ihrem Repertoire haben. Warum hat Judy Collins einen Choral aus

Diese neue Art von Musik macht es leichter, junge Leute zu erreichen. Sie werden leichter zum Kommen motiviert.

dem 18. Jahrhundert gesungen, dazu noch mit dem Titel »Wunderbare Gnade«? Sie singt es in traditioneller Einfachheit, und trotzdem wird es durch sie zum Hit.

Diese neue Art von Musik macht es leichter, junge Leute zu erreichen. Sie werden leichter zum Kommen motiviert. So gibt es immer mehr God-Rock in den Evangelisationen.

»Die Botschaft ist dieselbe, aber die Kommunikationsmittel müssen sich ändern«, sagt Carmichael, ein bekannter Komponist verschiedener Musicals. »Das ist ein sehr wirkungsvoller Weg, um junge Menschen zu erreichen. Mir ist es einfach unvorstellbar, daß ein Evangelist, der junge Leute erreichen möchte, nicht mit einem dieser Komponisten unserer Popszene zusammenarbeiten.«

»Heute ist es nicht mehr der Athlet, der junge Menschen anzieht. Es ist der Musiker und der Intellektuelle«, sagt Richard Hogue, der Leiter von Spireno.

Russ und Helen Cline aus Kansas City glauben so stark an die Wirksamkeit der Rockmusik, daß sie versuchen, in das professionelle Popmusikgeschäft einzusteigen. Sie haben jetzt ein Album mit dem Titel »Reaching Out« herausgebracht.

»Der einzige Weg, die jungen Leute zu erreichen, besteht darin, daß man etwas so Gutes bringt, daß man auch in ihrer Sicht das Recht erwirbt, zu ihnen zu sprechen. Dann brauchen wir sie nicht am Kragen zu packen und das Evangelium in sie hineinpressen. Ihre Aufmerksamkeit gehört uns dann ganz von selbst.«

Russ und Helen haben vor, in den verschiedenen Oberschulen in Kansas City aufzutreten. Sie wollen dann mit einer Serie von Konzerten eine Jugendveranstaltung in einem großen Park vorbereiten. Dorthin sollen diejenigen eingeladen werden, die sie vorher gehört haben.

»Es wäre sehr einfach, sich zurückzuziehen und nur die Nöte der Menschen zu lindern, die in unsere Kirchen kommen. Wir müssen einen Weg finden, auch solche zu erreichen, die uns am meisten brauchen, die bisher aber unseren Dienst nur als eine Art Hobby ansahen, das für sie nicht von Bedeutung war. Wir wünschen uns, daß unsere Schallplatten denen helfen, die geistlich krank sind. Und wir möchten dabei den wirklichen Erfolg unseres Dienstes nicht in erster Linie in unserer Fähigkeit als Sänger sehen, sondern in unserer Brauchbarkeit als Christen.«

Die »Country Faith«, eine der fünf Rock-Gruppen der Calvary Chapel, spielen vor einer Bibelarbeit. Ihr Programm ist eindeutig christlich.

Nach dem Trip

Die Jesus-Bewegung ist erregend, verwegen, vital, atemberaubend lebendig, eine begeisternde Verheißung von Erneuerung und Erweckung — aber auch eine Warnung ...

Walker L. Knight

Wenn man in das geistliche Erwachen eintaucht, das durch die Jugendkultur unseres Landes fegt, in die Jesus-Bewegung mit ihren Evangelisationen, Kommunen, den Rock-Festivals für Jesus, Bibelstudien und der neuen religiösen Musik in jeder Pop-Radiostation, dann ist das genau so, als wenn ein kleines Flugzeug in eine Gewitterzone eintaucht. Man wird hin- und hergestoßen, man gerät in plötzliche Höhen und Tiefen, man verliert die klare Richtung, man ist immer wieder gezwungen, den Standort zu suchen. Man ist zerrissen von der Wucht, mit der etwas auf einen zukommt, das man nicht versteht, das einen abwechselnd erhebt und niederdrückt.

»O Mann, Jesus liebt dich!«

Niemals vorher haben diese Worte Menschen mit einer solchen Wucht getroffen wie heute. Ich habe keinen Zweifel daran, daß wir in unserer Zeit ein religiöses Phänomen unter der Jugend erleben.

Plötzlich, seit ungefähr drei Jahren, werden junge Leute intensiv durch Jesus gefangengenommen. Er ist ein revolutionärer Volksheld, ein persönlicher Freund, ein Liebhaber, er macht »high«, er ist der Retter. Jesus ist der neueste Schrei. Er ist die Sache, die »in« ist. Bestseller als Schallplatten und Bücher verkündigen, daß Jesus **die** Sache ist.

Wie bei Neubelebungen in der Geschichte überhaupt, so ist diese Hinwendung zu Jesus frisch und neu wie Krokusblüten im Frühling. Die Bewegung entdeckt alte Ideen mit einer Vitalität, die wir in dieser Weise verloren hatten.

»Jesus liebt dich!« — das ist die Neuigkeit, die überwältigt, die lebt und die weitergegeben werden muß. Die Gegenwart des Heiligen Geistes und seine Führung sind unmittelbares, lebendiges Erlebnis.

Bei unseren Reportagen und Untersuchungen haben wir nach Verbindungsgliedern gesucht, nach den gemeinsamen Impulsen. Wir haben nach einer Antwort gesucht, warum sich die Jesus-Bewegung in so vielen unterschiedlichen Ausprägungen so ungeheuer schnell ausbreiten konnte.

Jeder hat uns gesagt: »Jesus ist das einzige Leitbild. Die Impulse kommen von ihm. Er ist auch das einzige Bindeglied zwischen den verschiedenen Zentren der Bewegung. Es ist der Heilige Geist, durch den die Bewegung überall aufgebrochen ist.«

An einem Abend in der Calvary-Gemeinde fanden wir viele junge Leute, die gedrängt in den Bänken saßen, die Gänge füllten, in den Nebenräumen standen, hinein- und herausdrängten. Viele saßen draußen, schauten durch die Glaswände in den Raum und hörten über Lautsprecher zu. Überall standen junge Leute, sangen und lasen in der Bibel.

Wir wollten das Ereignis fotografieren. Everett Hullum, der ein sehr höflicher Fotograf ist, wollte sich nicht gern durch die Menge drängen, um nach vorn zu gelangen. Deshalb fragte er: »Wer ist hier verantwortlich?« »Jesus Christus«, bekam er zur Antwort. Das war nicht schnippisch gemeint, sondern sehr ernsthaft. Zunächst war Hullum vollkommen perplex und wußte nicht, was er antworten sollte. Dann sagte er: »Mit Jesus haben wir die Sache geklärt«, ging nach vorn und fing an, zu fotografieren. Niemand hat sich daraufhin um ihn gekümmert, niemand hat ihm Einhalt geboten.

Auf der Suche nach einer Bezeichnung haben die Massenmedien den Begriff »Jesus-Bewegung« geprägt. Es ist leicht einzusehen, warum sich dieser Begriff durchgesetzt hat. Jesus bewegt sich unter jungen Leuten. Diese Bewegung erfaßt das ganze Land.

Aber nicht alle sind mit dieser Bezeichnung einverstanden. Denn es gibt viel zu viele unterschiedliche Gruppierungen, auch in Kalifornien, wo diese Bewegung zuerst entstanden ist.

»Nein, wir gehören nicht dazu«, sagte jemand. Ein anderer antwortete darauf: »Doch, sie gehören schon dazu, aber sie gehören nicht zu den Jesus-Süchtigen.« Man wollte sich wegen geringer Unterschiede voneinander distanzieren, etwa wegen des Zungenredens oder des Grades der Emotionen. Dabei übersehen die jungen Leute die ins Auge springenden Gemeinsamkeiten. Allen geht es um Jugend, Spontaneität, Begeisterung und Frische.

Die geistige Armut und die Unmoral der heidnischen Völker waren für die Christen der ersten Jahrhunderte eine mächtige Motivation, das neue Leben zu verwirklichen. Der Niedergang, den junge Leute heute beobachten, Drogen, Dämonen, Armut, Entfremdung, Langeweile, Hochmut, Diskriminierung, Krieg, Umweltverschmutzung — all das hat die junge Generation auf eine verzweifelte Suche geschickt. Sie suchten durch Buddhismus, Astrologie, östliche Religionen und radikale, einseitige Glaubensformen. Sie folgten Gurus und fantasievollen Freunden bei ihrer hektischen Suche nach einer Antwort.

Wir haben immer und immer wieder die Berichte der »Jesus people« in Kalifornien gehört, daß sie mörderischen Spuren gefolgt sind, daß sie alles mögliche ausprobierten, um eine Antwort zu finden — bis sie schließlich Jesus fanden. Nun sagen sie: »Er ist der einzige Weg!«, heben ihren Arm hoch und strecken ihren Zeigefinger nach oben, zum Himmel, um es besonders zu betonen.

Überall, wo wir hinkamen, wurde der Heilige Geist gepriesen. Ein Theologieprofessor schrieb mir: »Mein Leben lang habe ich versäumt, wirklich zu studieren. Nun hilft mir der Heilige Geist, zu sehen und sogar teilweise zu verstehen, worin die Einzigartigkeit seiner Wirkung besteht. So habe ich seine neue Bedeutung kennengelernt, als von Asbury bis Long Beach die jungen Leute ohne Zögern bescheinigten, daß jede gute Aktion dem Heiligen Geist zuzuschreiben ist. Die Äußerungen ihres Glaubens sind allerdings sehr vielseitig, sie variieren vom Zungenreden, den erhobenen Händen, den sich rhythmisch bewegenden Körpern bis zur stillen Bewegung durch lauter Bereiche der Kirchen, die fast ausgetrocknet sind.

Aber gerade hier werden die theologischen Schlachten über die Bewegung einsetzen, sowohl über das Zungenreden wie überhaupt über den freien Ausdruck des Glaubens. Ich möchte unsere Mitarbeiter daran erinnern, daß es in der Theologie ge-

nauso ist wie in der Meteorologie. Wenn zwei Fronten aufeinanderstoßen, muß man mit Turbulenzen rechnen. Wenn der Winter in den Frühling umspringt, dann gibt es überall Tornados und Gewitter. Wenn der frische Wind des Geistes durch die ausgetrockneten Flußtäler einer dekadenten Religion fegt, dann dürfen wir uns nicht darüber wundern, daß es theologische Stürme geben wird. Der Wind nimmt gewöhnlich ein paar Sachen mit, wenn er durch die Gegend fegt. Aber der Abfall ist nicht der Wind, und der Wind ist nicht der Abfall. So wird es auch mit dem Wind des Heiligen Geistes sein.«

Ein anderer theologischer Beobachter urteilt vorsichtiger. Auf der einen Seite rechnet er mit der Dynamik des Heiligen Geistes und sieht ihn auch in der Jesus-Bewegung am Werk. Aber er sieht auch eine negative Tendenz, nämlich dann, wenn man sich theologisch so sicher fühlt, daß man die anderen in Bausch und Bogen verurteilt. Er warnt vor dem

hartnäckigen Verlangen, ein hoch emotionales Erlebnis mit dem Heiligen Geist zu haben und das zum einzigen Weg zu erklären, den Heiligen Geist zu empfangen.

Tatsächlich haben wir auf unseren Reisen Anzeichen einer solchen Haltung beobachtet. Mitglieder der einen Gruppe verurteilten eine andere Gruppe, ein Teil der Jesus-Bewegung distanzierte sich von einem anderen.

Wir haben ab und zu die Meinung gehört, die sog. »zweite Segnung«, die Taufe mit dem Heiligen Geist, sei entscheidend. Solange man dies nicht erlebt hat (wobei das Erlebnis als emotionales Erlebnis verstanden wird), sei man noch außerhalb der eigentlichen geistlichen Erfahrung. Diese Haltung ist verständlich, wenn man bedenkt, daß unser traditionelles Christentum ein Vakuum vorzuweisen hat, wenn es um die Lehre von der Erfahrbarkeit des Heiligen Geistes ging. Weil die Erwartung dieser Erfahrbarkeit fehlte, waren auch die konkreten Erfahrungen gering.

So hörte ich den folgenden Kom-

Die Emotionen packen Herz und Seele. Die Skala der Emotionen in der Jesus-Bewegung reicht von dem befreienden »Überlaß alles Jesus!« eines fundamentalistischen Pfingstlertums bis hin zu der stillen Antwort eines sensiblen inneren Friedens. Wenn man die Höhen und Tiefen der Bewegung sieht, wird man von großer Freude gepackt, und gleichzeitig doch sehr vorsichtig und nachdenklich — aber immer ist es faszinierend!

mentar: »Ich bin seit zehn Jahren Mitglied einer Gemeinde. Aber ich habe nie den Heiligen Geist empfangen!« Man versteht auch den ernsten Blick eines jungen Mannes, der uns ohne Ärger und Verbitterung sagte: »Ich gehörte zu einer Baptistengemeinde, bis ich mich bekehrte.« Im Leben der jungen neugeborenen Christen hat die Bewegung einen frischen, emotionalen Lebensstil entwickelt, wie man sie im traditionellen religiösen Leben nicht gekannt hat.

Wir haben keine scharfe Ablehnung ihrer früheren christlichen Erfahrungen angetroffen. Aber wir spürten bei den jungen Leuten, mit denen wir sprachen und die wir beobachteten, daß sie das Gefühl hatten, sie seien früher von ihren Kirchen betrogen worden. Es war so, als ob sie uns fragten: »Warum hat das solange gedauert, bis ich das gefunden habe? Warum hat mir das nicht schon früher jemand angeboten?«

Ihre neuen Erfahrungen sind so mitreißend und so persönlich, daß sich die meisten jungen Leute heftig dagegen wehren, wenn man versucht, ihre Offenbarungen mit den Fakten, die man »schwarz auf weiß« hat, abzuwerten.

Diese Haltung ruft in vielen Kirchen die Furcht hervor, die Jesus-Bewegung könnte sich zu einseitig der persönlichen Erfahrung zuwenden. »Das könnte eine unglückliche Sache werden«, meinen viele. Sie weisen dabei darauf hin, daß Spaltungstendenzen und extrem subjektive Positionen im pietistischen Bereich häufig vorkommen.

Überwiegend glauben aber wohl die Beobachter, daß eine Spaltung vermieden werden kann, wenn die Pneumatiker, die sich vor allem auf die Wirkungen des Heiligen Geistes beziehen, nicht darauf bestehen, daß ihre Erfahrungen für die anderen zwingend sind. Allerdings muß auch die andere Partei anerkennen, daß es die Möglichkeit einer solchen Bewegung des Geistes im emotionalen Bereich gibt. Kurz gesagt: Wer keine emotionalen Erfahrungen hat, verdamme nicht denjenigen, der sie erlebt hat. Wer den Heiligen Geist emotional erfahren hat, mache das nicht zum Maßstab.

Zwei Dinge sind für den Heiligen Geist charakteristisch: Er bezeugt Christus und er bringt Freiheit. Hiervon ausgehend, kann man doch einen Maßstab finden. Jede Handlung, die die Aufmerksamkeit auf den richtet, der den Heiligen Geist empfangen hat

und nicht auf Jesus Christus, ist ungeistlich. Ebenso sind alle Versuche abzulehnen, den Heiligen Geist vorherbestimmen zu wollen oder ihn in seiner Dynamik zu regulieren. »Der Geist weht, wo er will.«

Natürlich sind Ausbrüche der Freude, spontane Äußerungen und rhythmische Bewegungen typisch für die Jesus-Bewegung. Sie hat aber noch einen anderen wesentlichen Zug: die Wiederentdeckung der Gemeinschaft. Auch die Gemeinschaft wird sehr spontan und ohne Umschweife erlebt. Berührungen gehören sehr wesentlich dazu. Das ist ohne Zweifel eine Reaktion auf die Unpersönlichkeit unserer modernen Gesellschaft. Teilnehmer haken sich unter, schlagen ihre Hände zusammen, legen ihre Arme um die Schultern des Nachbarn und vermitteln dabei Wärme, gegenseitiges Akzeptieren und persönliche Liebe. In den Gottesdiensten halten sich die Teilnehmer oft an den Händen, heben ihre Arme gemeinsam hoch in die Luft, hängen sich bei den Nachbarn ein und bewegen sich zum Rhythmus der Lieder.

»Der apokalyptische Terror unseres verzweifelten Jahrzehnts« hat wieder eine Idee hervorgebracht, die von den jungen Leuten neu entdeckt worden ist: Jesus kommt, er kommt bald wieder! Das Ende der Welt ist nahe!

Diese Fernsehgeneration, diese jungen Leute mit ihren Antennenohren, mit dem überall wachen Bewußtsein, weiß, daß jemand aus Zorn oder Unachtsamkeit den berühmten roten Knopf drücken könnte. Die Jugend von heute kann diesem zermürbenden Gefühl nicht entrinnen, daß wir uns selbst in einem Meer von Schmutz, Haß und Mißtrauen ertränken.

Das plötzliche Ende der Welt ist ein populäres Thema für jeden »science-

fiktion«-Bericht. Die Geschichte macht deutlich, daß es immer in der Vergangenheit solche Betonungen der Apokalypse gegeben hat. Tatsächlich ist sie immer ein Zeichen gewesen für Bewegungen, die neues Leben brachten. Aber heute ist es besonders interessant, daß diese Gedanken von den Laien kommen und nicht von den Klerikern.

Die Maranatha-Association, welche die fünf Rockgruppen der Calvary-Gemeinde unterhält, trägt diesen griechischen Namen ganz bewußt, denn er bedeutet: Jesus kommt wieder. Und einer der Mitglieder dieser Kommune sagte mir mit erwartungsvollem Strahlen: »Wir werden die Wiederkunft Christi noch persönlich erleben.« Richard Hogue sagt, daß die Mitglieder seines Teams ganz stark den Eindruck haben, daß das Ende bald kommt. Das hat dazu geführt, daß einige ihre Arbeit im College aufgegeben haben. Hogue und seine Frau haben sich kein Haus gekauft, weil sie das Gefühl haben, daß uns nur noch wenig Zeit bleibt.

William Hull hat dazu folgendes gesagt: »Der Eschatologe sieht jede Sache immer ausschließlich, endgültig, ewig und erhöht an. Er sucht das Konstante inmitten des Zeitlichen und das Göttliche inmitten des Menschlichen.«

Das beschreibt sehr genau die Sache vieler junger Menschen. Es erklärt ihre Bitte um eine einfache Antwort, die Suche nach einem kompletten System von Werten, die Suche nach einem Weg aus der Pluralität unserer heutigen Gesellschaft heraus, den Wunsch nach einer ordentlichen Anleitung zum Leben. Ein Mitglied einer Kommune sagt das in seiner Art: »Wenn du Jesus hast, dann hast du alles. Alles andere kommt dann schon an seinen richtigen Platz.«

»Auf der anderen Seite«, fügt Hull hinzu, »versucht der Historiker, realistisch die Tatsachen der Geschichte

Die Früchte der Bewegung sind umgewandelte Menschen, oft verbunden mit einer fast strahlenden Schönheit. Sie leben einen neuen Puritanismus.

zu sehen. Er versucht, herauszufinden, wo die Ursachen für die Ereignisse liegen. Er versucht das Menschliche im Göttlichen zu sehen und ehrlich im Bereich der Geschichte zu bleiben.« Er beschreibt damit viele von uns, die gern den Glauben und seine Wunder mit strikten soziologischen Begriffen wegerklären wollen. Everett nimmt darauf Bezug, wenn er sagt: »Ich stehe hier mitten drin und sehe es und finde es immer noch schwer, daran zu glauben.«

»Das Christentum muß nicht zwischen diesen beiden Alternativen wählen«, meint Hull, »denn es ist im tiefsten beides, eschatologisch und historisch. Das Christentum bestätigt das Paradoxon, daß die Ewigkeit in die Zeit gekommen ist, und daß Geschichte und Eschatologie unentrinnbar miteinander verwickelt sind bis an das Ende der Welt.«

»Jawohl«, hört man das Echo der Jugend, »und trotzdem ist das Ende der Welt nahe.«

Bewegungen haben es an sich, auf die Zukunft hin orientiert zu sein. Erst wenn die Werte konserviert werden sollen, die das Leben geschaffen hat, entsteht die Institution. Das ist der andere Aspekt der Betonung der Eschatologie in der gegenwärtigen Erweckung. Die Betonung liegt nicht auf dem, was Gott getan hat. Sie liegt auf dem, was er heute tut und in Zukunft tun will.

Woher kommt die größere Freiheit und Unbefangenheit im Verhältnis zu Jesus Christus? Kenneth Chafin sagt dazu: »Die Ereignisse des modernen Lebens haben die Seele des Menschen aufgepflügt. Außerdem haben die typischen Hoffnungen unserer mündigen Gesellschaft Bankrott gemacht. Die totale Desillusionierung hat diese fantastische Offenheit für Jesus hervorgerufen. Es ist unübersehbar, daß der säkulare Mensch, der von ei-

ner kybernetischen Technologie bedroht ist, nach einem emotionalen Ausgleich sucht. Wenn dann noch dazukommt, daß unsere traditionellen Kirchen kaum eine Möglichkeit für den emotionalen Ausdruck geschaffen haben, ist es verständlich, daß der neue religiöse Ausdruck der Jugend mit einer emotionalen Explosion verbunden ist.«

Die meisten Beobachter stimmen wohl heute darin überein, daß sich die Jugend unseres Jahrzehnts zum Christentum hinwendet. In den späten Sechzigerjahren war die Jugend auf den östlichen Mystizismus ausgerichtet. Zen- und Krishnakulte boten eine Erweiterung des Bewußtseins an, ergänzt oder ersetzt durch LSD und andere Drogen, die versprachen, das Bewußtsein zu erweitern. Aber die Drogen und die Meditationen hielten nicht was sie versprachen. Deshalb weisen die jungen Amerikaner diese Art von Mystizismus heute zurück und konzentrieren sich auf eine Person — auf Jesus. Sie fühlen, daß sie eine neue Art des erweiterten Bewußtseins erreichen, aber ohne Drogen und Meditationen.

Dieser Gedankengang ist vor allem von Prof. Robert S. Ellwood entwickelt worden, und er trifft zumindest für einen Teil der Jesus-Bewegung zu, vor allem für die spontanen Gruppen in Kalifornien. So sagt der Hippie-Evangelist Arthur Blessitt: »Die Jugend der Sechziger Jahre träumte den amerikanischen Traum vom materiellen Utopia. Dabei wurden sie gründlich desillusioniert. Sie hatten zwar alles, aber eigentlich hatten sie nichts. Sie wurden krank, weil sie in einem Vakuum schwammen. Sie entschlossen sich, nicht mehr so hart zu arbeiten wie ihre Eltern, damit sie auch nicht so miserabel würden wie sie. Deswegen entstand die Hippie-Bewegung und der Drogenkonsum. Aber als der Trip vorüber war, mußten

sie der Realität ins Auge schauen. So begeisterten sie sich für Jesus.«

Andere weisen darauf hin, daß diese Begeisterung für Jesus nur eine andere Form der psychischen Flucht sei: Gott ist nun ihr Ausweg. So haben sie sich wiederum einem Element ergeben, das außerhalb ihres Lebens existiert.

Es wird so viele Erklärungen für die Jesus-Bewegung geben, wie es Kommentatoren gibt.

In dieser Situation gibt Theron Price einen beachtenswerten Rat: »Keine der etablierten Gruppen sollte mit Geringschätzung oder Verachtung auf eine andere Gruppe schauen, der sie vielleicht radikal ablehnend gegenübersteht, solange die Intention einer solchen Gruppe, Zeugnis für ihren Glauben abzulegen, glaubhaft und ehrlich erscheint.«

Wie kommt es nun, daß sich die Bewegung so schnell ausbreitet? Es gibt auch hier mehrere Antworten. Die Mobilität der Jugend bringt sie rasch von Küste zu Küste, von Nation zu Nation. Die Massenmedien greifen Trends und Spuren einer neuen Entwicklung schon zum allerfrühesten Zeitpunkt auf. Außerdem gibt es sehr viele Gruppen im ganzen Land, die für eine Erweckung gebetet haben und noch beten. Vielleicht sind einige dieser Gruppen aber doch zu voreilig, alles, was geschieht, zur erwarteten neuen Erweckung hochzustilisieren.

Wer sind die neuen Evangelisten der Jesus-Bewegung? Es werden häufig nicht mehr einzelne Personen herausgestellt, vor allem bei den Kommunen. Einige arbeiten in ihrem Beruf, damit die anderen Zeit haben, auf die Straße zu gehen. Jeder verbringt so viel Zeit wie irgend möglich damit, anderen den Glauben zu bezeugen. Dazu kommt das Drogenproblem, das sehr viel Zeit und Kraft kostet. »Mann, jeder ist so mitgenommen von den Drogen, sie alle wollen

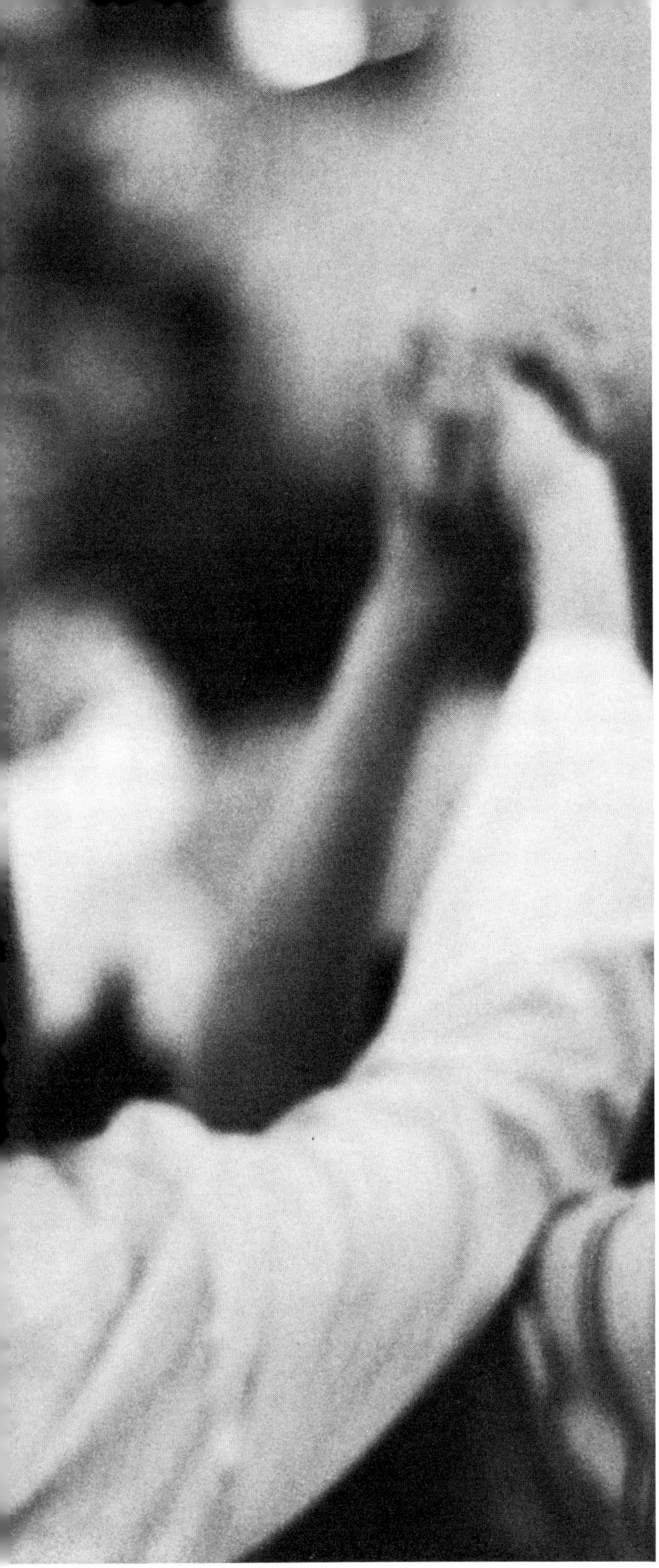

Sie schwingen die Hände, stampfen mit den Füßen — Emotion ist offensichtlich überall in der Jesus-Bewegung vorhanden, aber das Zungenreden kommt nur in einem begrenzten Bereich vor und ist umstritten. Einige, etwa im Bethel Tabernacle, sagen: Man braucht es unbedingt. Andere, wie die jungen Leute in Truett Memorial, wollen damit nichts zu tun haben. Aber alle sind bewegt von der Begegnung mit einem emotionalen Fieber, mit der packenden Liebe und mit dem Erlebnis hautnaher Gemeinschaft. Die Jesus-Bewegung reißt Wälle nieder, die bisher trennten; sie baut eine neue Einheit auf. Sie ist besonders da erfolgreich, wo die jungen Leute selbst die Leitung übernehmen. Und doch wirken häufig die Älteren mit. Sie führen im Hintergrund verborgen die Neubekehrten zu einer größeren Reife.

Nach einem bewegten Taufgottesdienst mit mehr als 700 Täuflingen teilt Chuck Smith, der Pastor der Calvary Chapel, das Abendmahl aus.

»Eine Erweckung fängt unter den jungen Leuten dort an, wo Freiheit und Offenheit herrscht.«

Hilfe haben, egal, wo sie sie bekommen!« Das war der Stoßseufzer eines Mitglieds der Kommune in Kansas City.

»Das Neue in der Evangelisation ist die Wiederentdeckung des Heiligen Geistes«, sagt ein anderer. »Wir legen einfach Zeugnis ab von der Kraft des Heiligen Geistes. Das Ergebnis überlassen wir Gott. Das bringt die Evangelisation aus dem Stil des Verkaufens heraus und führt hinein in den Bereich des Teilens und des Angebots.« Natürlich kann einem immer noch passieren, daß jemand kommt und fragt: »Bruder, bist du gerettet?« Viel häufiger hört man die freundliche Mitteilung: »Jesus liebt dich! Können wir darin nicht gemeinsame Sache machen?«

Die Predigt steht nicht mehr so stark im Mittelpunkt der Verkündigung. Zeugnis und Lied sind sehr wichtig geworden. In einem Gottesdienst erzählen fünfzehn junge Leute, wie sie durch Jesus verändert wurden. Viele andere wollten auch noch etwas sagen, kamen aber nicht mehr an die Reihe.

Vielleicht breitet sich die Bewegung deshalb so gewaltig aus, weil sie so unbekümmert evangelistisch ist. Einer meiner stärksten Eindrücke war die Intensität, in der sie evangelisieren. Die unabhängigen Journalisten, die einen Bericht für die Zeitschrift »Look« schrieben, bekehrten sich während ihrer Untersuchungen. »Daß wir Christus angenommen haben«, erzählt einer von ihnen, »kam wohl daher, daß wir so lange während unserer Untersuchung immer wieder die revolutionäre Kraft der Jesus-Bewegung erfuhren. Das Feuer Jesu Christi scheint sich in der ganzen Welt einen Weg zu bahnen.«

Die Früchte der Bewegung sind umgewandelte Menschen, oft verbunden mit einer fast strahlenden Schön-

heit. Sie leben einen neuen Puritanismus im Hinblick auf ethische Fragen, wobei der Lebensstil im übrigen sehr unterschiedlich sein kann. Aus einer Jugendkultur, in der praktisch alles erlaubt war, schwingt das Pendel jetzt zur anderen Seite.

Die Teilnehmer der Jesus-Bewegung betonen sehr eindringlich die Zehn Gebote, sie sind streng gegen Promiskuität, gegen Habgier, Stolz, Trunkenheit, Drogen und Zigaretten. Es hat den Anschein, als besitze die Jugend die Fähigkeit, diese Disziplin in großer Bereitschaft anzunehmen, so daß es bisher wenig Schwierigkeiten gibt.

Das ist besonders in den Kommunen sehr auffällig. Die Mädchen tragen Maxikleider, schlafen auf getrennten Fluren und gehen nur zum Saubermachen in die Räume der Jungen. Vielleicht können sie diese neuen ethischen Maßstäbe erfüllen, weil sie der Gnade gewiß sind.

»Wir haben hier feste Ordnungen«, sagt der Leiter einer Kommune, »aber in dem Jahr, in dem ich hier bin, haben wir niemals sexuelle Probleme gehabt.« Der Wandel im Lebensstil der jungen Leute ist so dramatisch, daß sie buchstäblich vor Eifer glühen, ihren neu gefundenen Glauben zu bezeugen. Ihre Augen strahlen und stets findet man ein Lächeln auf ihren Gesichtern.

Man kann sich über das alles nur freuen. Es ist sicher dem früheren Zustand bei weitem vorzuziehen. Aber es bleibt ein Gefühl der Vorsicht. Denn unter den Flügeln der neuen Bewegung kann auch eine neue Gesetzlichkeit warten.

C. L. Culpepper, ein Missionar im Ruhestand, hat die Erweckungen in Shantung Anfang der Dreißiger Jahre in China miterlebt, die sehr viele Parallelen mit der Jesus-Bewegung aufweisen. Wir fragten ihn um einen Rat zur gegenwärtigen Situation: »Wo

immer der Heilige Geist anfängt zu arbeiten«, sagte er, »arbeitet der Teufel mit der gleichen Macht. Er versucht die Christen in Extreme zu verwickeln. Denn das ist ein alter Grundsatz: Was der Teufel nicht verhindern kann, übertreibt er. Das schlimmste ist der geistliche Hochmut. Wenn Leute behaupten, daß sie den Heiligen Geist erfahren haben und mit diesem Argument die Gemeinschaft mit den anderen, die das nicht in dieser Weise erfahren haben, aufkündigen, dann sind sie vom Teufel genarrt worden.«

Billy Graham hat die Jesus-Bewegung sehr positiv beurteilt. Er begrüßt sie selbst dann, wenn es sich um eine Modeerscheinung handelt: »Dann ist es wenigstens eine positive Modeerscheinung. Ich bin für alles, was das Evangelium von Jesus Christus vorantreibt.« Er sagt weiter: »Die große Not besteht darin, Menschen zu finden, die die vielen jungen Christen anleiten und im Studium der Bibel vertraut machen. Wenn wir diese Leute nicht finden, dann werden viele der Jungbekehrten von falschen Doktrinen verwirrt werden.«

Was können wir tun, um der Jesus-Bewegung in die richtige Bahn zu verhelfen, ohne sie zu ersticken?

(1) Solange wir nicht mehr von der Bewegung wissen als heute, müssen wir ihr in einer offenen, unkritischen Haltung begegnen. Wir solten der Versuchung widerstehen, solche unbedeutenden Äußerungen wie Applaus und Freudenrufe zu verdammen, obwohl sie nicht zu unserer Tradition gehören.

(2) Es geht darum, daß wir flexibel werden, damit Freude und Feierlichkeit in unseren Gottesdiensten ihren eignen, freien Ausdruck finden kann.

(3) Die jungen Leute sollten Leitungsfunktionen bekommen. Ein Pastor übergab den jungen Leuten die Leitung einer informellen Bibelstunde. Zunächst machte er sich Sorgen,

daß sich Fehldeutungen der biblischen Texte einschleichen könnten. Aber bald merkte er, daß sie intelligent und aufmerksam genug waren, und sehr schnell selbst merkten, wenn jemand vom Thema abkam und die Spur verlor.

(4) Wir müssen für Substanz sorgen. Das geschieht am besten durch ein Bibelstudium, das informell ist, positiv zum Lebensstil der jungen Leute, und das deshalb ihre Freudenrufe nicht abschneidet.

(5) Wir alle müssen daran arbeiten, neue Wege zu finden, um das Evangelium zu verkündigen.

(6) Die jungen Leute brauchen auch im traditionellen Gemeindeleben die Freiheit, ihre Erfahrungen mit Jesus in ihrer Art mitzuteilen. Es ist nicht schlimm, wenn dabei unreflektierte Äußerungen gemacht werden.

(7) Wir können darauf vertrauen, daß die jungen Leute ihre eigene Disziplin finden werden, wo immer es notwendig ist.

(8) Wir müssen es dem Heiligen Geist erlauben, daß **er** die Freiheit hat zu führen, wie er will. Es darf nicht der Versuch gemacht werden, die Bewegung zu institutionalisieren.

John Havlik, ein Mitarbeiter im Stab der »Southern Baptist Convention«, hat wohl vor einiger Zeit einige prophetische Aussagen gemacht. Er hat immer wieder betont, daß eine neue geistliche Erweckung in Amerika wahrscheinlich nicht in einer Kirche wie der »Southern Baptists« beginnen werde, weil eine solche Kirche zu hoch organisiert und mechanisiert ist. Er erwartete, daß eine Erweckung innerhalb der Pfingstgemeinde beginnen könnte, wo es eine wachsende Reife im Hinblick auf die Lehre vom Heiligen Geist gibt, oder in der römisch-katholischen Kirche mit ihrem steigenden Interesse an der evangelikalen Position. »Oder es fängt unter den jungen Leuten dort an, wo Freiheit und Offenheit herrscht.«

Es scheint so zu sein, daß diese drei genannten Bereiche tatsächlich zum Ausgangspunkt der Jesus-Bewegung geworden sind.

Natürlich werden wir fragen: Was hat das alles zu bedeuten? Auf diese Frage kann man wohl auch nur mit neuen Fragen antworten.

Kann es bedeuten, daß wir Zeugen eines Geschehens sind, wo der Genius des Christentums sich Bahn bricht in neue kulturelle Strukturen? (Haben wir wirklich eine neue Gesellschaft, oder entwickeln wir uns auf sie zu?)

Werden wir Zeugen der Tatsache, daß die Fähigkeit des Christentums, sich in jeder Gesellschaft neu zu formen, wieder einmal die universelle Natur des Evangeliums offenbart?

Immer dann, wenn der christliche Glaube institutionalisiert und formalisiert wurde, immer dann, wenn er durch physische oder geistige Mauern begrenzt wurde, hat er sich mit Gewalt und Vitalität Bahn gebrochen.

Wenn uns Gott heute einen solchen Durchbruch schenkt, dann können wir nur antworten:

»Lobet den Herrn!«

1972

R. Brockhaus Verlag Wuppertal
Auslieferung an den evangelischen Buchhandel

Rolf Kühne Verlag 8721 Wetzhausen
Auslieferung an den katholischen Buchhandel

Oncken Verlag Wuppertal

Text und Bildmaterial mit freundlicher Genehmigung von HOME MISSIONS BOARD, SBC, ATLANTA. Fotonachweis: Seiten 20, 21 Don Blith; Seiten 42, 43 Toby Druin; Seite 52 Walker L. Knight; alle übrigen Fotos Everett Hullum jr. Übersetzung: Siegfried Großmann und Karl Heinz Walter. Alle Rechte bei den herausgebenden Verlagen.
© Copyright: Deutsche Ausgabe R. Brockhaus Verlag Wuppertal · Umschlaggrafik: Joachim Zimmerbeutel

Satz, Reproduktion, Offsetdruck, Einband: Breklumer Druckerei Manfred Siegel